KB199923

자녀의 꿈을 돕는 부모의 기도

자녀의 꿈을 돕는

부모의 기도

차길영 지음

규장

모든 능력은 오직 하나님의 것

✳

6년 전으로 기억합니다. 규장 출판사의 여진구 대표님이 저에게 책을 내보는 것이 어떻겠냐고 물으셨습니다. 그때는 준비된 원고도 없었고, 회사 일로 한창 바쁠 때라 "나중에 조금 한가해지면 조금씩 써보겠습니다"라고 말씀드렸습니다. 더욱이 그 당시 저는 그때껏 경험해보지 못한 제 인생의 가장 큰 어려움을 겪고 있을 때였기 때문에 이런 말도 덧붙였습니다.

"저는 지금 인생의 바닥을 지나고 있어요. 그래서 책을 쓸 마음의 여유가 없어요."

그러자 여진구 대표님은 이렇게 말씀하셨습니다.

"책은 인생의 바닥일 때 써야 읽는 사람이 은혜를 많이 받아요."

그 후로 저를 둘러싼 환경은 점점 더 어려워져만 갔습니다. 그때 저는 극동방송에서 라디오 프로그램을 진행하고 있었는데, 갑자기 출연자가 못 나오게 되면서 그다음 주 방송에 차질이 생겼습니다. 그런데 하나님께서 '네가 글을 써서 혼자서 방송을 진행해라'라는 마음을 주셨고, 처음으로 글을 쓰게 되었습니다. 월요일 아침마다 10분 동안 진행하는 프로그램이었는데, 10분짜리 방송을 위해 글을 써보니 13시간 정도 투자해야 글을 완성할 수 있었습니다. 그때 '공부 시작 전에 기도하라'는 내용으로 간신히 글을 쓰고, 제 목소리로 녹음해서 방송이 나갔는데 청취자들의 반응이 아주 뜨거웠습니다.

방송국에서는 이번 기회에 프로그램 이름을 바꾸고 혼자 녹음해서 방송하는 것으로 포맷을 변경해보자고 제안하여 〈차길영의 교육칼럼〉이란 프로그램이 시작되었습니다. 그렇지 않아도 인생의 바닥을 헤매며 회사 일도 너무 바쁘고 해야 할 일도 산더미 같은데, 매주 10시간이 넘는 시간을 투자해서 원고를 쓰려니 너무 힘들었습니다. 따로 시간을 낼 수 없어서 평일 새벽과 주말에 주로 방송원고를 썼는데, '내가 지금 이걸 하는 게 맞나' 하는 생각이 정말로 매주 할 때마다 들었습니다.

그런데 너무 신기한 것이, 글을 쓸 때면 성령님께서 저를 엄청나게 몰아치시면서 글을 쓰게 하시는 것입니다. 3줄만 써보자 하고 앉았는데 정신을 차려 보면 20줄이 넘게 쓰여 있었습니다. 길을 갈 때도, 운전할 때도 쉴 새 없이 원고에 들어갈 말씀을 주셨습니다. 그래서 저는 말씀을 주실 때마다 노트에 적기 시작했습니다. 바로 적지 않아서 기억이 나지 않았던 것도 많았습니다. 운전할 때는 노트에 적을 수 없으니 기자들이 가지고 다니는 소형 녹음기를 사서 녹음을 하기 시작했습니다.

그렇게 녹음된 파일이 어느새 600개 이상이 되었을 무렵, 하나님은 저의 사명이 '빛의 강사', 즉 하나님의 영광을 드러내는 강사라는 것을 알려주셨습니다. 이렇게 글을 쓰면서 자연스럽게 성경을 많이 읽게 되었고 하나님의 말씀을 많이 알게 되었습니다.

하나님의 말씀은 저를 정말 많이 변화시켰습니다. 그리고 글을 쓰면서 그 글들이 제 마음과 머리에 새겨지는 것을 느꼈습니다. 그래서 자연스럽게 교회 강사로 많이 서게 되었고, CBS 기독교 방송의 〈새롭게 하소서〉라는 프로그램에도 출연하게 되었으며, 다니엘기도회에서 간증도 하게 되었습니다.

처음 저에게 원고를 쓰라고 하실 때, 인생에서 가장 어려운 시간을 지나고 있을 때라서 마음의 여유란 것이 전혀 없었음에도 순종하고 쓰기 시작한 것이 결국 저에게는 엄청난 축복으로 다가오게 되었습니다. 하나님께서 일하시는 방식을 우리가 이해하지 못해도 기쁘게 순종하면 축복을 주신다는 것을 다시 한번 알게 되었습니다.

어렸을 때는 돈만 있으면, 학벌만 좋으면, 인기와 명예만 있으면 나의 힘으로 행복하게 잘 살 수 있을 줄 알았습니다. 하지만 주님 없이는 모든 것이 모래 위의 성임을 깨달았습니다. 인생에서 가장 중요한 것이 하나님과 연합하여 하루하루 살아가는 것임을 알게 되었습니다. 그리고 예수님 안에서 하나님과 연합하여 살아간다면 하나님 아버지의 일이 곧 나의 일이고, 나의 일이 또한 하나님을 위한 일이란 것도 알게 되었습니다.

제가 일이라고만 생각했던 수학 강의를 하나님은 사역이라고 하셨습니다. 또 제가 잘나서 쓰시는 것이 아니라 하나님의 자녀이기 때문에 쓰신다는 것도 알게 되었습니다. 나를 진짜 품으실 수 있는 분은 세상에 하나님 단 한 분밖에 없고, 포기하지 않고 기도하면 하나님께서 반드시 나를 위기에서 건지신다는 것을 알게 되었습니다.

저는 인생에서 가장 중요한 것은 '하나님을 잘 믿는 것'이라는 결론을 내리게 되었습니다. 우리는 하나님 없이 한순간도 살 수 없습니다. 하나님을 믿어보니 하나님은 정말 대단한 분이셨습니다. 내가 아무리 많은 죄를 지어도, 내가 아무리 문제가 많아도 하나님께서 쓰시고자 하면, 나를 통해 영광 받으시고자 하면 나를 고쳐서라도 반드시 쓰십니다. 하나님께 무릎 꿇게 만드시고 성령께 붙들린 자가 되게 하십니다. 나의 능력은 중요한 것이 아닙니다. 모든 능력은 오직 하나님의 것이고 나의 능력이 아니라 하나님의 능력으로 이루시는 것이었습니다.

이 책을 쓰게 해주신 하나님께 모든 영광을 돌립니다. 그리고 늘 저를 위해 기도해주시는 어머니와 벌써 8년째 저를 위해 기도해주시는 슈브아트 우예본 권사님과 김미엘 전도사님, 규장의 여진구 대표님에게 깊은 감사를 드립니다.

차길영

프롤로그

PART

1

기도하고
기대하며
기다려라

01

내리막길에서 기도하다

✴

2015년에 할머니와 아버지가 모두 돌아가셨습니다. 2월에 할머니가 돌아가셨고, 그로부터 4개월이 지나 아버지가 돌아가셨습니다.

저희 할머니는 매일 새벽기도를 하셨던 기도의 용사셨습니다. 그리고 아버지는 저희 가정의 믿음의 거장이셨습니다. 그런 두 분이 돌아가시자 제 인생은 정말이지 급격한 변화를 맞게 되었습니다. 말 그대로 제 인생은 이 두 분이 돌아가시기 이전과 이후로 나뉘는 것 같습니다.

기도의 용사 할머니

저희 할머니는 사십 대에 남편을 잃고 평생 혼자 사셨습니다. 할아버지가 돌아가시면서 하나님을 믿게 된 할머니는, 그

후로 인생이 180도 바뀌셨습니다. 그때까지만 해도 할머니는 집도 여러 채 있고 꽤 부유하셨다고 합니다. 그런데 예수님을 믿고 난 후로 그 많던 재산을 다 팔아 교회와 가난한 이웃을 위해 전부 쓰셨습니다.

달동네에 가서 생활이 어려운 집에 음식과 옷가지를 보자기에 담아 담장 안으로 던지고 오시기도 하셨고, 매년 8월 15일이면 동네 노인과 노숙자 100여 분에게 건강검진 차량을 불러 진료를 해드리고 점심 식사를 대접하셨습니다. 그때마다 저에게도 전화하셔서 "길영아, 이번에 음식 대접할 때 너도 좀 보태면 안 되겠니?"라고 부탁하셔서 저도 조금씩 도와드리곤 했습니다. 할머니는 말씀대로 실천하기 위해 늘 애를 쓰셨습니다.

그렇게 자기 재산을 다 이웃을 돕는 데 쓰시다가 할머니는 결국 셋방살이하게 되셨습니다. 그 모습을 보다 못한 친척들이 할머니가 돌아가시기 10여 년 전에 돈을 모아 작은 아파트를 사드렸습니다. 저도 그때 3천만 원 정도 보탰습니다. 하지만 할머니는 2년 후에 아파트를 팔고 전세로 옮기셨습니다. 그리고 다시 2년 후에는 전세를 빼고 셋방으로 옮기셨습니다. 할머니는 결국 셋방에서 사시다 하나님 품에 안기셨습니다.

할머니는 수십 년 동안 매일 새벽예배를 드리셨습니다. 그리고 새벽예배가 끝나면 집으로 가지 않으시고 노방전도를 다니셨습니다. 그러면서 저에게 전화하셔서 늘 이렇게 말씀하셨습니다.

"할머니가 돈은 없지만 널 위해서 기도는 매일 해줄게. 기도 제목 줘봐. 할머니가 널 위해서 매일 기도하고 있어."

벌써 15년 전의 일이지만 지금도 생생하게 기억나는 일이 있습니다. 할머니와 식당에서 식사하고 있는데, 갑자기 가방에서 노트를 꺼내시더니 이렇게 말씀하셨습니다.

"길영아, 이것 봐봐! 할머니 기도 노트야. 할머니가 이렇게 빼곡하게 기도 제목을 써놓고 매일 새벽에 너를 위해서 기도한단다. 그러니까 기도 제목 있으면 항상 할머니에게 바로 전화해!"

믿음의 거장 아버지

할머니가 돌아가시고 4개월이 지나서 대장암으로 투병하시던 아버지가 돌아가셨습니다. 저희 아버지는 하나님을 신실하게 섬기던 장로님이셨습니다. 월요일부터 토요일까지는 열심히 일하시다가 주일에는 아침 일찍 교회에 가서 저녁 늦게까지 장로님으로 열심히 봉사하셨습니다.

어린 시절, 제가 자고 있을 때 아버지께서는 조용히 제 방에 들어오셔서 저에게 손을 얹고 기도해주셨습니다. 그땐 자는 척했지만, 아버지의 기도 소리를 항상 듣고 있었습니다. 그것이 오늘까지도 저에게 얼마나 큰 힘이 되는지 모릅니다.

그런 아버지가 돌아가시기 전에 정말 신기한 일이 있었습니다. 병원에 입원해 있던 아버지가 갑자기 퇴원을 하겠다고 하셨습니다. 모두가 반대했지만, 아버지는 성령의 감동이 있으셨는지 "때가 됐다"라고 하시며 퇴원을 강행하셨습니다.

아침 일찍 퇴원하신 아버지는 온 가족과 친척과 목사님을 집으로 부르셔서 양복으로 갈아입으신 후에 단체 사진과 개인 사진을 찍으시고 유언까지 마치셨습니다. 그러고 나서 이렇게 말씀하셨습니다.

"이제 하나님과 둘이 있고 싶다."

저는 '아버지가 몸이 안 좋아서 그러시나?' 생각했습니다. 그 다음 날도 다른 가족들은 모두 아버지와 함께 집에 있었는데, 저는 인터넷 강의 촬영 때문에 양재동에 있는 미용실에서 머리를 하고 있었습니다. 저는 흘려들었지만 아버지는 자신이 낮 열두 시 정도에 돌아가실 것이라고 말씀하셨는데, 정말로 12시 1분 전쯤 집에서 전화가 왔습니다. 저는 그 전화를 받고 울면서 급히 아버지가 계시던 수원으로 가야 했습니다.

집에 도착해서 돌아가신 아버지의 얼굴을 보고 깜짝 놀랐습니다. 아버지는 돌아가시기 며칠 전부터 가족들에게 "선한 것도 보이고, 악한 것도 보인다"라고 말씀하셨는데, 돌아가신 아버지의 얼굴엔 미소가 가득했기 때문입니다. 아버지는 영원한 즐거움의 나라인 '천국'에 들어가신 것입니다. 저는 지금도 가끔 돌아가신 아버지의 얼굴을 찍은 사진을 보곤 합니다.

기도의 빈 구멍

그렇게 할머니와 아버지가 돌아가시고 제 인생에 엄청나게 큰 폭풍우가 올 것이라고는 그 당시엔 전혀 생각하지 못했습니다. 두 분이 돌아가시기 전까지 저는 제가 '금손'인 줄 알았습니다. 어떤 사업을 해도 잘되었고, 모든 일이 순탄했습니다. 제가 하는 인터넷 강의 회사도 잘되고 있었고, 수십만 명의 학생들이 공영방송에 나가는 제 강의를 들으며 입시 준비를 했으며, TV를 틀면 제가 유명한 홍삼 제품 광고 모델로도 나오고 있었습니다. 저 스스로 제가 굉장히 능력 있고, 똑똑하고, 잘났으며, 사회적으로 성공했다고 생각했던 것 같습니다.

그런데 할머니와 아버지가 돌아가시면서 제 삶에 급격한 변화가 생겼습니다. 사업과 가정에 문제가 생기기 시작했는데, 그것도 약간의 문제가 아니라 걷잡을 수 없이 커지기 시작했습니다.

그때 제가 운영했던 두 개의 교육회사 직원이 약 70~80명 정도 되었는데, 직원들의 월급을 주려면 그 이상의 수입이 있어야 한다는 압박이 심했습니다. 게다가 오프라인 학원도 큰 규모로 운영하고 있었는데 영향력 있는 강사들이 학생들을 데리고 떠나면서 학원도 휘청했습니다. 제가 누리고 있던 것들이 다 흔들리기 시작했습니다.

그런데도 저는 상황 파악을 못 하고 왜 이런 일들이 벌어지는지 잘 몰랐습니다. 한참이 지나서야 제가 여태까지 누리던 모든 것이 아버지와 할머니의 기도로 지원 사격을 받은 덕분이었다는 것을 알게 되었습니다. 저의 기도 제목을 두고 저는 기도하지 않았지만, 할머니와 아버지는 저를 위해 매일 기도해주셨으니, 그 두 분이 돌아가신 후에 생긴 기도의 빈 구멍이 너무 컸던 것입니다. 이제 제가 직접 기도해야 하는 상황이 되어버렸습니다.

내리막길에서 기도를 시작하다

상황이 너무 안 좋으니까 숨을 쉴 수가 없었습니다. 침대에 누우면 다섯 세기 전에 잠들던 제가 이제는 잠도 잘 수 없었습니다. 약국에 가서 수면 유도제를 사서 먹으면 잠이 들었다가도 새벽 두 시면 눈이 떠졌습니다. 아침에 출근해야 하는데 잠을 잘 수 없으니 너무 괴로웠습니다. 체력 소진이라도 하면 잠이 올까 싶어서 공원을 한참 뛰다 들어와 잠을 청해도 마찬가지였습니다.

당시 저는 워커홀릭으로 십몇 년 이상 일하고 있었습니다. 월요일부터 일요일까지 쉬는 날 없이 일했습니다. 일요일에도 주일예배만 드리고 바로 학원으로 돌아가 강의를 하는 강행군을 했습니다. 아침 9시가 되기 전에 회사에 출근해서 밤 10시가 넘어서 맨 마지막으로 회사 문을 닫고 퇴근했습니다. 집에서는 거의 잠만 잤습니다. 그런데 아무리 이렇게 일만 해도 해결 방법이 전혀 보이지 않았습니다. 저는 굉장히 어두워져 갔습니다. 당시 제 사진을 보면 웃음을 아예 잃어버린 사람 같습니다. 그때 제 얼굴이 얼마나 암울했는지는 저만 모르고 주변 사람들은 다 알고 있었습니다.

몇 년이 지났습니다. 상황은 더 안 좋아졌습니다. 그런데 하나님께서 저희 아버지의 기도를 기억해주셨는지, 두 명의 중보자를 저에게 보내주셨습니다. 지금까지도 저를 위해 기도해주고 계신 우예본 권사님과 김미엘 전도사님이셨습니다. 이 두 분이 저를 찾아오셔서 매일 아침 일곱 시에 각자 자기 집에서 한 시간씩 함께 기도하자고 하셨습니다.

사실 저는 그전까지 워커홀릭으로 살면서 밥만 먹고 일만 했을 정도로 일은 열심히 했지만, 기도는 하루에 기도한 시간을 다 합쳐봐도 5,6분밖에 안 됐습니다. 아침에 일어나서 한 2분 기도하고, 밥 먹을 때 식기도 세 번, 자기 전에 하는 2분 정도의 기도가 다였습니다. 하지만 저는 모태신앙으로 주일예배를 빼먹은 적이 없었기 때문에 스스로 굉장히 믿음이 좋고 신앙생활을 잘하고 있다고 생각했습니다. 물론 한참 지나서 그게 전혀 아니라는 것을 알게 되었지만 말입니다.

그렇게 기도 안 하던 저를 하나님은 그냥 두지 않으시고 중보자를 붙이셔서 기도하게 하셨습니다. 아침 일곱 시에 일어나서 한 시간 동안 기도하는 것은 저에게는 너무 힘든 일이었습니다. 일단 기도하려고 무릎을 딱 꿇었는데, 무릎이 너무 아팠습니다.

'이렇게 아픈데 무릎 꿇고 기도하는 사람들은 어떻게 하는 거지?'

그래도 결심한 것이 있으니 무릎 꿇고 기도하기 시작했습니다. 기도를 진짜 죽어라 열심히 했는데 눈을 뜨고 시계를 보니 10분이 지나 있었습니다. 제가 가지고 있던 모든 기도 제목과 나라와 민족과 열방을 위해 기도했는데, 이제 고작 10분이 지난 것입니다. '50분을 어떻게 더 기도하지?'라는 생각이 절로 들었습니다.

기도만 해서는 한 시간을 채울 수 없어서 며칠 후부터 자연스럽게 한 시간 예배로 바뀌었습니다. 저는 매일 아침 한 시간씩 하나님께 열심히 예배를 드렸습니다. 늦게 일어나는 날에도 차라리 늦게 출근할지언정 한 시간 예배는 꼭 드리고 나서 집을 나섰습니다.

지금 되돌아보면, 하나님이 저에게 중보자를 붙이셨을 때는 제가 바닥이 아니라 내리막길 중간 정도에 있을 때였던 것 같습니다. 그러니까 기도를 시작하고서도 아직 한참 더 내리막길이었다는 것입니다. 하나님은 제가 계속 내리막길로 내려가면 버티지 못할 것을 아셨기 때문에 완전 밑바닥으로 내려가기 전에 미리 중보자를 붙여주신 것입니다.

기도했더니…!

하루에 한 시간씩 기도하기 시작한 지 100일쯤 지났습니다. 저는 그래도 100시간 정도 기도하면 하나님이 기도를 들어주실 줄 알았습니다. 그런데 100일이 지나고서도 아무 변화가 없는 것입니다. 저는 이런 생각이 들었습니다.

'이게 뭐지? 어떻게 매일 한 시간씩 100일이나 기도했는데 아무 변화가 없을 수 있지?'

그 후 6개월이 지났습니다. 아주 조금 변화가 보였습니다. 1년이 지났습니다. 오, 이제 변화가 조금씩 눈에 띄는 것 같습니다. 그리고 1년 6개월이 지나면서 제 주위를 둘러싸고 있는 모든 지형과 지물이 바뀌는 것을 경험하면서 저는 기도가 무섭다는 것을 알게 되었습니다. 하루에 한 시간씩 기도한 지 3년이 지나자 기도하기 전과 후는 천지개벽(?)이 일어났을 정도로 저의 주변 상황에 정말 너무 많은 변화가 생겼습니다.

저는 이렇게 다른 사람의 중보기도의 도움을 받아보았기 때문에 지금은 제 기도만 하는 것이 아니라 다른 사람을 위해서도 열심히 기도해줍니다. 솔직히 누가 기도를 부탁하면서 기도 제목을 얘기해주면 '네, 기도할게요' 하고는 기도 안 해주는 경우가 많은데, 그 후로 저는 정말 열심히 기도해줍니다.

체념하면 축복을 받지 못한다

기도하고 기대하며 기다리면 반드시 열매가 열립니다. 기대가 없으면 열매를 맛볼 수 없습니다. 하나님께 기도하면서도 '난 안 되나봐' 하며 체념하는 사람이 있습니다. 그런 사람에게는 하나님이 복을 주실 수 없습니다. 하나님은 기대하는 사람에게 복을 주십니다.

〈동물의 왕국〉 같은 프로그램을 보면 먹이를 물고 온 어미새가 어떤 새에게 가장 먼저 먹이를 주는지 아십니까? 입을 가장 쫙 벌린 새에게 가장 먼저 먹이를 넣어줍니다. 그러니 우리도 하나님께 많은 것들을 기대하면서 기도해야 합니다. 그리고 기도하면서 하나님의 응답을 기다려야 합니다.

하나님을 정말로 믿는다면 기다릴 수 있습니다. 그래서 크리스천이라면 하나님께 기도하고 하나님의 응답을 기대하며 기다릴 수 있어야 합니다.

02

기도는 특권이다

✳

기도란 무엇일까요? 저는 예전에는 하나님께 내가 원하는 것을 구하는 것이 기도라고 생각했던 것 같습니다. 그런데 그것은 기도의 극히 작은 부분이라는 것을 알게 되었습니다. 그렇다면 기도란 무엇일까요?

하나님 사역에 동참하는 과정

기도가 무엇인지 이해하기 위해서는 하나님이 세상을 어떻게 창조하셨는지를 이해할 필요가 있습니다. 하나님은 완벽하고 전지전능하셔서 인간의 도움이 전혀 필요하지 않으신 분입니다. 하지만 하나님은 세상을 창조하실 때 조물주로서 피조물들을 단순히 짓지 않으시고, 우리 인간의 도움이 필요하게끔 세상을 창조하셨습니다. 하나님은 지금도 세상을 그런 방법으로 통치하고 계십니다.

만약 엄마와 어린 딸이 같이 저녁 식사를 준비하고 있다고 해 봅시다. 엄마 혼자서 저녁 식사를 준비하면 훨씬 더 잘할 수 있겠지요. 하지만 딸에게 "오늘 엄마와 함께 저녁 식사를 준비해 볼까?"라고 한다면 어떻게 될까요? 간을 잘 못 맞출 수도 있고, 요리를 망칠 수도 있을 것입니다. 그럼에도 불구하고 엄마는 딸과 함께 저녁 식사 준비를 하는 것이 의미 있다고 생각합니다.

하나님도 혼자서 통치하시면 인간을 포함한 세상을 완벽하게 운영할 수 있으실 것입니다. 인간이 얼마나 문제가 많은 존재입니까? 죄성으로 매일 죄를 짓는 인간이 하나님의 일을 망칠 수도 있는데, 그럼에도 불구하고 하나님은 우리 인간을 하나님의 통치에 참여시키기로 결정하셨습니다. 우리는 이런 특권을 가지고 있는데, 그 특권인 하나님의 사역에 동참하는 과정이 '기도'라는 것입니다.

파스칼이라는 수학자가 있습니다. 그가 연구한 파스칼의 삼각형은 고등학교 수학 교과과정인 확률과 통계 단원에서 가장 중요한 내용 중 하나로 학교 시험에도 단골로 출제됩니다. 그는 철학자로도 유명한데 "인간은 생각하는 갈대이다"라는 말로도 잘 알려져 있죠. 독실한 크리스천이었던 그는, 기도에 대해 이런 이야기를 했습니다.

"하나님이 기도를 만드신 목적은 인간에게 어떤 일을 일어나게 하는 존재로서의 특권을 부여하기 위해서이다."

내가 기도하는 것이 세상에 영향을 끼칠까요? 당연히 끼칩니다. 내가 아프가니스탄을 위해 기도하면 아프가니스탄의 상황이 변할까요? 당연히 변합니다. 이렇듯 우리는 기도를 통해 하나님과 함께 세상을 통치하고 있는 것입니다. 하나님이 우리에게 '기도'를 통해 참정권과 발언권을 주셨습니다. 기도는 하나님을 믿는 크리스천만의 특권이라는 것을 알아야 합니다. 하나님은 우리가 기도를 통해 하나님의 자녀의 권한으로 하나님의 통치 사역에 적극적이고 능동적으로 참여하기를 바라십니다. 하나님과 우리는 동역자라는 사실을 잊지 말기 바랍니다.

나의 정체성을 알자

하나님이 우리에게 가장 원하시는 것은 무엇일까요? 그것은 우리 한 사람 한 사람과 연합하는 것입니다. 하나님은 하나 되는 것을 너무 좋아하십니다. 하나님도 성부, 성자, 성령 세 분이시지만 실은 한 분이시죠. 하나님은 우리와 하나 되기 위하여 우리 안에 성령으로 임재하셨습니다. 우리는 성령으로 말미암아 하나님과 연합하여 살아가고 있는 것입니다.

그러니까 우리는 정체성을 분명하게 가지고 있어야 합니다. 세상 사람들은 자기 직업이나 학벌, 내가 잘하는 것들을 통해서 자기 정체성을 찾지만, 우리의 정체성은 하나님께 있습니다. 하나님은 우리의 아버지이고 우리는 하나님의 자녀입니다. 우리는 신의 아들이고 신의 딸인 것입니다. 어디 가서도 위축될 이유가 없습니다. 엉뚱한 데서 우리의 정체성을 찾을 필요도 없습니다.

우리는 신의 자녀이기 때문에 항상 가슴을 펴고 당당하게 살아야 합니다. 마블 영화나 슈퍼히어로물에 나오는 특별한 존재들을 보면서 마음속으로 부러움을 느끼는 사람들이 있을 것입니다. 하지만 부러워할 필요가 전혀 없습니다. 우리가 바로 그런 특별한 존재란 사실을 이제 깨달아야 합니다.

하나님이 내 안에 계시기 때문에 우리는 어디를 가든지 하나님과 함께 갑니다. 내가 내 안에 계신 하나님을 인정하고 그분의 뜻에 순종하며 진정 하나님의 뜻대로 살기를 기도로 구한다면 우리 안에 핵에너지 같은 엄청난 에너지가 생기며 우리는 능력의 하나님과 함께 엄청난 일을 해낼 수 있게 됩니다. 기도는 그렇게 하나님과 연합한 하나님의 자녀들이 하나님과 소통하는, 하나님 자녀의 특권인 것입니다.

그런데 우리는 늘 분리를 꿈꿉니다. 하나님은 우리와의 연합을 꿈꾸지만 우리는 하나님과의 분리를 갈구합니다. 왜일까요? 죄를 짓기 위해서입니다. 그만큼 우리의 죄성이 강하다는 것입니다.

저는 예전에는 "주님의 뜻대로 되게 해주세요"라는 기도가 정말 안 나왔습니다. 주님의 뜻대로 되면 안 될 것 같았기 때문입니다. 내 뜻대로 되어야 하는데 주님의 뜻대로 될까 봐 저는 그런 기도를 할 수 없었습니다. 그런 제가 많은 시련과 고통의 시간을 지나 하나님을 진짜로 신뢰하게 되면서, 나의 아버지이신 하나님께서는 자녀인 내가 잘되기를 바라실 것이라는 믿음이 생기게 되었습니다. 그 믿음이 생기자 비로소 "하나님의 뜻대로 되게 해주세요"라고 기도할 수 있게 되었습니다.

생각해보십시오. 아버지는 자녀가 잘되기를 바라고, 좋은 것 먹고 좋은 것 입기를 바랍니다. 세상에 자기 자녀가 안 되기를 바라는 아버지가 어디 있겠습니까? 게다가 우리는 한 치 앞도 모르는 존재인데, 미래의 일도 모두 다 알고 계신 전지전능하신 하나님이 내 아버지란 것을 알게 된다면, 그리고 그것을 진짜 믿는다면, 내 뜻대로 되는 것보다 하나님의 뜻대로 되는 것이 나에게 훨씬 더 좋다는 것을 깨닫게 됩니다.

인생의 승부는 골방에서 난다

또 하나 기도와 관련하여 반드시 기억했으면 하는 것이 있습니다. "기도는 거룩한 노동"이란 사실입니다.

기도는 거룩한 노동입니다. 우리는 매일 노동을 해야 합니다. 저는 매일 골방에서 기도의 자리에 앉을 때마다 이런 생각을 합니다.

'이제 노동을 해야지.'

우리가 기도의 씨를 뿌리면 싹이 나고, 잎이 나고, 줄기가 나고, 꽃이 핍니다. 그리고 하나님의 때가 되면 반드시 열매를 맺습니다. 우리는 그때를 기다리며 매일 기도의 노동으로 씨를 뿌려야 합니다.

저는 평생 일에는 엄청난 시간을 투자했습니다. 잘될 때도 있었지만, 안 될 때도 있었습니다. 일이 한번 엉키니 그다음부터는 상황이 쉽지 않았습니다. 제 인생의 가장 큰 실수는 젊었을 때 기도를 너무 적게 한 것이었습니다. 그래서 제가 어린 학생들이나 청년들에게 꼭 당부하고 싶은 것은, 십대, 이십 대 때부터 기도를 정말 열심히 하라는 것입니다. 그리고 이 사실을 우리 자녀에게 꼭 가르쳐주어야 합니다.

하나님께 시간을 투자해야 합니다. 하나님께 시간 투자하지 않고 일이나 공부에만 시간 투자한다고 잘되는 게 아닙니다. 효율로 보면 하나님께 매일 한 시간 투자하는 것이 훨씬 효율적입니다. 매일 하나님과 한 시간만 시간을 보낸다면, 그 인생은 장담하건대 걱정 안 해도 됩니다. 인생의 승부는 골방에서 납니다.

골방기도를 해본 사람은 기도가 얼마나 무서운지 알 것입니다. 상황이 아무리 안 좋아도, 앞이 아무리 캄캄하고 막막해도, 눈물밖에 나지 않는 상황일지라도 하나님이 손을 대시면 바뀝니다. 수학에서 주사위를 던지면 어떤 일이 벌어집니까? 1에서 6중 하나가 나옵니다. 하지만 하나님의 주사위는 7도 나오고, 8도 나오고, 9도 나옵니다. 제가 정말 많이 경험해봤습니다. 그러니 이 기도의 실험을 꼭 해보길 바랍니다.

기도는 간절하게 해야 합니다.

"주님, 저를 불쌍히 여겨주시옵소서!"

하나님이 우리를 불쌍히 여겨주시지 않으면 세상에서 누가 우리를 불쌍히 여겨주겠습니까? 친구들이 나를 불쌍히 여겨준다고 해도 얼마나 불쌍하게 여겨주겠습니까? 하지만 하나님이 우리를 불쌍하게 여겨주시면 문제가 해결됩니다.

우리가 기도할 때 간절하지 않으면 "주여 삼창을 크게 하고 기도하자"고 해도 다 기어들어 가는 목소리로 "주여, 주여, 주여"라고 합니다. 하지만 정말 절박해지면 저절로 배에 가득 힘을 실어서 목이 터져라 간절하게 "주여! 주여! 주여!"라고 부르짖게 됩니다.

저는 집에서는 이렇게 큰소리로 부르짖으며 기도하기 어려워서 부르짖는 기도를 해야 할 때는 차 안에서 기도합니다. 특히 터널에 들어갈 때는 주님의 이름을 크게 부르며 기도하기 좋습니다. 정말 상황이 급박해서 계속 부르짖으며 기도해야 할 때는 터널에 들어갔다가 나오면 유턴해서 다시 터널에 들어가기를 반복하면서 기도합니다. 부르짖는 기도에 능력이 있습니다.

너는 내게 부르짖으라 내가 네게 응답하겠고 네가 알지 못하는 크고 은밀한 일을 네게 보이리라 렘 33:3

요한복음 15장 5절에 보면 예수님이 "나는 포도나무요 너희는 가지라 그가 내 안에, 내가 그 안에 거하면 사람이 열매를 많이 맺나니 나를 떠나서는 너희가 아무것도 할 수 없음이라"라고 하셨습니다. 제가 주일학교 때부터 지금까지 이 말씀을 얼마나 많이 들었겠습니까? 하지만 이것이 정말 제 마음속에 다가온 것은 불과 몇 년밖에 안 되는 것 같습니다.

사실 예수님이 하신 말씀은 당연한 내용입니다. 가지가 나무에 붙어있으면 나무로부터 모든 영양분을 공급받고, 때가 되면 열매가 열립니다. 그런데 저는 나무에 붙어있지 않았던 것 같습니다. 그냥 혼자서 열심히만 했지, 하나님께 붙어있지 않았기 때문에 그동안 열매를 많이 맺지 못했던 것 같습니다.

너희가 내 안에 거하고 내 말이 너희 안에 거하면 무엇이든지 원하는 대로 구하라 그리하면 이루리라 요 15:7

우리가 기도하는 것은 예수님께 붙어있는 것입니다. 나 혼자서 열심히 애쓰고 수고하는 인생이 아닌 기도로 예수님께 붙어 있어서 예수님의 능력으로 하루하루 동행하면 그 인생에는 반드시 열매가 열립니다. 이것이 하나님이 창조하신 자연의 법칙입니다. 하나님께 매일 시간을 투자하고 예수님께 붙어 있어야 풍성한 열매를 맺을 수 있습니다.

03

하나님과 같은 꿈을 꾸라

✳

많은 사람이 꿈을 꿉니다. 사실 바라는 것, 이루고 싶은 것들은 누구나 있기 마련이니 모든 사람이 꿈을 꾸고 있는 것이지요. 그런데 우리의 꿈이 실은 나만의 야망인 경우가 많습니다. 그리고 우리는 우리의 꿈을 가지고 하나님께 이루어 달라고 조릅니다. 우리가 스스로 먼저 꿈을 정하고 '하나님, 제 꿈을 꼭 이루어주세요'라고 기도하는데, 이렇게 기도하면 하나님께서 들어주실 수도 있고 안 들어주실 수도 있습니다. 그런데 반드시 꿈을 이루는 방법이 있습니다.

꿈을 이루는 방법

하나님은 우리를 만드셨을 때 한 명 한 명마다 꿈이 있으셨습니다. 그런데 우리는 나에 대한 하나님의 꿈을 망각한 채 나만의 세상적인 꿈을 꿉니다. 세상의 성공과 세상의 만족과 세상이 주는 것에만 신경을 쓰다 보면, 하나님이 나를 만드실 때 어떤 꿈을 꾸셨는지 까맣게 잊어버리고 맙니다. 그러니 이렇게 기도해야 합니다.

"하나님, 제가 어떤 꿈을 꾸어야 합니까? 제가 어떤 꿈을 꾸어야 하는지 알려주세요"

이렇게 기도하면 하나님이 하나님의 꿈을 반드시 가르쳐주십니다. 그리고 그 꿈을 나의 꿈으로 품게 되면, 우리는 하나님과 같은 꿈을 꾸게 되는 것입니다. 그러면 좋은 것이 그 꿈은 하나님이 반드시 직접 이루어주신다는 것입니다. 그러니 먼저 하나님께 꿈을 받기 바랍니다.

하나님께서 주시는 꿈은 우리의 영혼을 사로잡고 우리의 가슴을 뛰게 합니다. 저는 하나님께 꿈을 받았습니다. 딱 네 글자입니다.

"빛의 강사."

수학을 가르치든지 간증 집회를 하든지 어떤 일을 하든지 하나님의 빛을 드러내는 강사! 그것이 제가 받은 꿈입니다.

성경에 나오는 인물들을 보면, 자기가 꿈을 꾼 게 아닙니다. 요셉이 꿈을 꾸고 싶어서 꿈을 꾸었습니까? 다윗이 왕이 되고 싶어서 왕이 되었나요? 아닙니다. 아버지가 오라고 해서 갔더니 사무엘 선지자가 기름을 부은 것입니다.

우리는 세상적인 꿈을 꾸다가 그 꿈이 깨지면 너무 괴로워서 데굴데굴 뒹굽니다. 그럴 때마다 '하나님 살아 계신 것 맞아요?'라고 투덜댑니다. 저도 그랬습니다. 그런데 우리의 세상적인 꿈이 깨지는 것은 결코 우연이 아닙니다. 왜냐하면 하나님은 우리에게 진짜 좋은 것을 주고 싶으셔서 우리의 세상적인 꿈을 깨뜨리시기 때문입니다. 나의 꿈이 깨지고 하나님과 내가 같은 꿈을 꾸기 시작하면, 그다음부터 우리는 엄청난 일을 할 수 있는 힘이 생깁니다.

달란트가 무엇인지 기도하라

제가 학생들이나 청년들에게 물어보면, 자기 달란트가 뭔지 모르는 청년들이 정말 많은 것 같습니다. 헛된 생각에 빠져 있는 사람도 너무 많습니다. 그림을 잘 그리는 달란트를 가진 사람이 TV를 보고 혹해서 요리사가 되겠다고 합니다. 요리사가 되어야 할 사람이 인터넷을 보고 멋져 보인다고 래퍼가 되겠다고 합니다. 이렇게 미혹에 빠지는 사람이 너무 많습니다. 나를 만드신 분에게 물어보면 나의 달란트를 알려주실 텐데, 우리는 묻지 않고 스스로 결정합니다. 자기 달란트가 아닌 분야로 가기 때문에 열심히 노력해도 성과는 못 내고 오히려 큰 고통 속에 빠지게 됩니다.

저는 몇 년 전에 제 달란트가 무엇인지 하나님께 진지하게 기도해본 적이 있습니다. 나름 유명한 수학 강사이기 때문에 하나님이 저에게 '나는 너에게 수학적인 재능을 주었다'라고 말씀해주실 줄 알았습니다. 그런데 하나님이 저에게 주신 말씀은 뜻밖이었습니다.

하나님이 저에게 두 가지 말씀을 주셨는데 첫째는 '나는 너에게 네가 말할 때 강렬한 에너지가 나오도록 달란트를 주었다'라고 하셨습니다. 만약 제가 말할 때 에너지가 느껴진다면 그것은 연습해서 그렇게 된 것이 아니라 하나님이 그렇게 저를 만드셨기 때문입니다. 하나님의 응답을 받고 '내가 만약 수학이 아니라 다른 과목을 가르쳤어도 잘 가르치지 않았을까?'라는 생각도 해보았습니다.

저의 달란트가 무엇인지 기도했을 때 하나님이 주신 또 하나의 말씀은 '나는 너에게 긍휼함을 주었다'라는 것이었습니다. 저는 어릴 때부터 다른 사람을 보면 도와주고 싶고 불쌍한 사람을 보면 뭐 하나라도 주고 싶었습니다. 알고 보니 그것이 제 달란트였던 것입니다.

우리는 다 잘하지 않습니다. 선택과 집중이라는 말을 다들 알 것입니다. 하지만 마귀는 우리의 초점을 너무나 많이 흐립니다. 우리가 하나님이 주신 달란트를 찾아서 집중하면 반드시 성과가 나고, 성과를 내면 하나님께서 영광 받으신다는 것을 마귀들이 너무나 잘 알기 때문에 우리를 자꾸 꼬여냅니다. 우리가 달란트를 찾아내는 것을 방해하고 달란트에 집중하는 것을 두려워합니다.

자기 달란트를 모르면 신문 보고, 인터넷 보고, TV 보고 누구는 뭐해서 대박 났고, 누구는 어디서 성공했다는 얘기에 홀려서 이것도 하고 저것도 하면서 삶을 허비하고 맙니다. 각자 자신의 달란트가 무엇인지 알아야 합니다. 하나님께 기도하여 자기 달란트가 무엇인지 응답받길 바랍니다.

특히 부모들은 부모의 관점에서 성공의 길로 달려가도록 자녀를 재촉할 것이 아니라, 자녀의 달란트가 무엇인지 알고 도와주어야 합니다. 자녀가 자신의 달란트를 일찍 찾을 수 있도록 기도해주어야 하는 것입니다.

쓰라린 실패

저는 하나님의 빅 픽처를 많이 경험합니다. 저는 미션스쿨을 나왔는데, 고등학교에 다닐 때 신앙반장이었습니다. 저는 공부를 늦게 시작한 편인데, 그전까지는 공부를 많이 안 하다가 고등학교 1학년 여름 무렵부터 공부에 불이 붙어서 열심히 공부했던 것 같습니다. 그때부터는 하루에 네다섯 시간 자면서 정말 열심히 공부했습니다.

그리고 기도도 열심히 했습니다. 저만 열심히 기도하면 안 될 것 같아서 다른 반 신앙반장들도 다 불러서 점심시간마다 기도실에서 기도했습니다. 2년 동안 매일 네다섯 시간 자면서 죽어라 공부하고, 또 매일 신앙반장들을 모아서 열심히 기도했습니다. 공부 잘하게 해달라고, 좋은 대학 가게 해달라고 간절히 기도했습니다. 그래서 성적도 많이 올랐습니다.

드디어 대학입시 결과가 발표되는 날이 되었습니다. 그날이 하필 크리스마스이브라서 약속이 세 개나 있었습니다. 그래서 옷도 신경 써서 입고 수험표를 들고 집을 나왔습니다. 그리고 집 앞 공중전화에서 제 수험번호를 눌렀습니다. 저는 당연히 붙었을 줄 알았습니다. 시험도 잘 봤고, 기도도 열심히 했기 때문입니다. 그런데 차가운 ARS 음성이 들려왔습니다.

"차길영 학생! 다음 기회에 도전해주세요."

저는 다음날 새벽이 되어서야 집에 들어갔습니다. 저희 부모님은 굉장히 엄격하셨기 때문에 제가 말없이 집에 들어가지 않아 난리가 났을 줄 알았습니다. 그때는 휴대전화가 없었던 시절이니, 부모님이 얼마나 걱정하셨겠습니까? 새벽에 아파트 현관문을 열고 들어갔는데 불도 다 꺼져 있었고, 너무 조용했습니다. 안방에 들어가 보니 두 분이 고요히 주무시고 계셨습니다. 나중에 상황을 알고 보니, 새벽 1시까지는 '얘가 대학에 붙어서 놀다 오나보다'라고 생각하셨다고 합니다. 그러다 새벽 2

시가 되고 3시가 돼도 집에 들어오지 않자 '아, 얘가 떨어졌구나' 싶어서 포기하고 주무셨다고 합니다.

하나님의 빅 픽처

그때까지 저희 부모님은 저를 애지중지 키우시며 열심히 뒷바라지를 해주셨습니다. 그런데 대학에 떨어지니 어머니의 태도가 너무 달라지셨습니다. 제가 "2만 원만 주세요"라고 하면 "2만 원이 아깝다. 내가 여태까지 너에게 얼마나 많이 투자했는데!"라고 하시며 돈을 안 주시는 것입니다.

저는 재수는 하지 않겠다고 결심하고 후기로 어지간한 대학에 들어가려고 했는데, 어머니가 너무 제 마음을 아프게 하시자 억울한 마음이 들었습니다. 딴짓 않고 공부만 했는데, 기도도 그렇게 열심히 했는데 그런 제가 대학에 떨어졌다는 것이 정말 이해가 되지 않았습니다. 자면서도 매일 눈물을 흘렸습니다. 하나님이 원망스러웠습니다.

결국 저는 재수를 결심하고 노량진에 있는 유명한 재수학원에 들어가게 됐습니다. 그리고 시간을 아끼기 위해 학원 앞에서 하숙을 하게 되었습니다. 그 재수학원에는 거의 9천 명 정도의 재수생이 있었는데, 한 반에 110명 정도의 학생들을 몰아넣고 수업을 진행했습니다. 좁은 공간에 학생들을 많이 몰아넣으려다 보니 의자도 엄청 작아서 덩치가 큰 아이들은 엉덩이가 반 밖에 안 걸쳐졌습니다.

거기서 저는 굉장히 충격적인 사건을 경험했습니다. 저는 고등학교 때 성적이 많이 올라서 고등학교 3학년이 되었을 때는 공부를 꽤 잘했습니다. 수학도 굉장히 잘했습니다. 전교 순위권이었지요. 그런데 재수학원에 갔더니 전국에서 내로라하는 아이들이 다 모여 있는 것입니다. 첫 시험에서 우리 반 110명 중에 49등을 했습니다. 고등학교 다닐 때는 그래도 전교 몇 등 안에 들었던 제가 거기선 겨우 중간이라는 사실이 정말 충격적이었습니다. 지방에 명문고가 그렇게 많다는 것도 그때 처음 알았습니다.

그때 함께 하숙하며 공부했던 아이들을 보니, 그 아이들은 기본적으로 일주일은 옷을 안 갈아입는 것 같았습니다. 운동복에 슬리퍼를 신고 머리도 언제 감았는지 모를 정도였는데, 그런 아이들이 수학을 저보다 훨씬 잘했습니다.

그리고 한번 자리에 앉으면 일어나질 않았습니다. 한 여섯 시간은 꼼짝하지 않고 공부만 하는 것입니다. 저는 공부를 그렇게 열심히 한다는 것을 그때 처음 경험해보았습니다. 그래서 재수하는 동안 진짜 힘들었는데, 그때 전국의 수재 친구들에게 엄청난 것들을 정말 많이 배웠습니다. 특히 수학에 관해서 어떤 교재에도 없고 어떤 선생님에게서도 배울 수 없었던 팁들을 정말 많이 배웠습니다. 훗날 제가 수학 인터넷 강사로 크게 성공할 수 있었던 자양분의 씨앗이 바로 그 시간에서 나온 것입니다.

그때는 제가 하나님의 빅 픽처를 어떻게 알았겠습니까? 제가 재수를 하지 않고 그냥 대학에 합격했더라면 그 많은 것들을 배우지 못했을 것입니다. 하나님은 저에게 더 좋은 것을 선물로 주시기 위해서 대학에서 떨어뜨리신 것입니다. 대학에 떨어진 것이 고난인 줄 알았지만, 그것이 놀라운 축복이었다는 것을 한참 시간이 지나서야 알게 되었습니다.

하나님의 꿈을 따라가라

우리가 사는 세상은 3차원의 세계입니다. 수학자들이 몇 차원까지 있다는 것을 증명했는지 아십니까? 11차원까지 있다는 것을 증명해냈습니다. 그런데 우리는 전혀 다른 차원에 다른 존재들이 있다는 것을 망각합니다.

예를 들어, 연못에 잉어가 있습니다. 잉어는 평생 연못 안에만 있으니, 연못이 세상 전부인 줄 압니다. 뿌옇고 수초가 있고 갑자기 위에서 먹이가 떨어지는 세상이 다인 줄 압니다. 불과 30센티미터 밖에서 인간이 자기를 쳐다보고 있는 것도, 그 인간이 먹이를 뿌려준다는 것도 죽을 때까지 모릅니다. 연못 밖에 엄청난 세상이 있다는 것을 모르고 죽습니다.

우리도 마찬가지입니다. 다른 차원에서 하나님이 우리를 불꽃 같은 눈동자로 쳐다보시는 것도, 또 마귀가 우리를 집어삼키려고 노리고 있다는 것도 모릅니다.

저는 예전에는 '~하게 해주세요'라는 것이 기도의 전부였습니다. '시험 잘 보게 해주세요. 좋은 대학에 가게 해주세요. 돈을 많이 벌게 해주세요. 성공하게 해주세요. 인기 강사가 되게 해주세요. 좋은 차를 사게 해주세요!' 같이 말입니다.

지금 돌이켜보면 하나님의 뜻을 구하는 기도를 한 적이 별로 없습니다. 늘 제 생각만 했습니다. 하나님의 꿈에는 관심도 없었습니다. 물론 가끔은 제 요구사항만을 아뢰기에는 조금 죄송스러워서 몇 가지를 끼워 넣기는 했지만, 형식적인 기도였습니다.

지금 이 시점에서 우리 자신에게 진지하게 질문해봐야 합니다.

'나는 하나님의 꿈을 꾸는가? 아니면 사람의 꿈, 나만을 위한 꿈, 내 성을 견고하게 잘 쌓게 해달라는 꿈을 꾸는가? 내가 하는 기도는 어떤 기도인가?'

그러면 왜 내 기도가 응답받지 못하는지를 알게 됩니다.

많은 사람이 하나님의 꿈을 따라간다고 말하지만 실제로는 자신의 꿈을 따라갑니다. 자신의 꿈은 점점 커지고 하나님의 꿈은 점점 작아집니다. 하나님의 꿈으로 시작했다고 하는데 어느덧 다른 목적지를 향해 달려가고 있는 것입니다. 많은 사람이 실은 하나님에게 깊은 관심이 없습니다. 내가 원하는 것을 이루기 위해 하나님을 믿을 뿐입니다.

우리의 꿈은 야망일 때가 많습니다. 우리의 야망과 하나님의 꿈은 충돌하는 경우가 많습니다. 하나님과 갈등을 겪습니다. 그렇기에 하나님이 인간의 꿈을 무너뜨리시는 것입니다. 하나님의 계획이 있으시기 때문입니다. 하나님 앞에서 우리의 꿈이 산산조각이 납니다.

노아 시대 때 사람들의 꿈은 망한 정도가 아니라 하나님의 분노하심을 사 다 죽임을 당했습니다. 그럼에도 하나님은 포기하지 않으셨습니다. 새롭게 다시 시작하기를 원하셨습니다. 그리고 다시 새롭게 꿈을 꾸십니다.

> 그러나 너와는 내가 내 언약을 세우리니 너는 네 아들들과 네 아내와 네 며느리들과 함께 그 방주로 들어가고 창 6:18

사람의 꿈이 무너지자 하나님의 꿈이 새롭게 다시 시작됩니다. 혹시 지금 꿈이 무너졌습니까? 모든 상황이 절망적입니까? 더 이상 무언가를 할 힘이 없나요? 기대하십시오. 지금이 바로 하나님의 꿈이 다시 시작되는 시점입니다.

04

모든 것이 주님의 은혜다

✳

예전에 제가 워커홀릭으로 살았다고 했는데, 단순히 일을 많이 해서 워커홀릭이었던 것은 아닙니다. 그때 저는 수학 회사를 세워서 큰 성공을 거두었습니다. 사람은 하나가 잘되면 다른 것도 잘할 수 있다는 착각에 빠지는 것 같습니다. 그래서 제 전문 분야가 아닌 다른 영역에도 손을 댔습니다. 영어 회화 사업도 시작하고, 캐릭터 사업도 시작하고, 당시 학습만화 열풍이 불었던 때라 수학 학습만화 사업도 시작했습니다. 여러 가지 사업에 너무 많은 시간과 물질과 저희 직원들의 열정을 낭비했습니다.

게다가 완벽주의 성향이 있던 저는 4,5년 동안 그렇게 많은 돈과 시간과 에너지를 썼는데도 성과가 안 나오니까 인생이 너무 후회스러웠습니다. 매일 자면서 이런 생각을 했습니다.

'내가 원래 하던 수학 사업에만 집중했으면 얼마나 좋았을까?'

진짜 가슴이 답답하고 땅을 치며 후회하던 그 시간에 하나님이 깨달음을 주셨습니다.

'네가 많은 시간을 낭비했지만 만약 네가 죽을 때까지 다른 사람에게 하나님의 말씀을 전하여 수많은 사람이 시간 낭비하지 않게 돕는다면, 그 시간은 결코 낭비한 시간이 아니다.'

그렇습니다. 제가 비록 헛된 꿈을 많이 꾸고 인생의 시간들을 낭비했지만, 많은 사람에게 혼자만의 헛된 꿈을 꾸지 말고 하나님과 같은 꿈을 꾸라고 전한다면 제가 과거에 헛되이 보낸 시간은 다시금 제게 의미 있는 시간으로 바뀌게 되는 것입니다. 또 이것을 통해 많은 사람을 돕는다면 제 삶은 더욱 보람 있는 인생으로 바뀌게 되는 것입니다. 하나님은 이렇게 항상 믿지게 역사해주십니다.

상처는 별이 된다

대학에 떨어진 사람을 위로할 수 있는 사람이 누구인지 아십니까? 재수생입니다. 대학에 떨어져서 힘든 친구를 원하는 대학에 합격한 친구가 위로할 수 있을까요? 무슨 말을 해도 위로가 안 될 것입니다. 암에 걸린 사람은 누가 위로할 수 있을까요? 암에 걸린 사람만 위로할 수 있습니다. 자녀를 잃은 사람을 위로할 수 있는 사람은 자녀를 잃어본 사람밖에 없을 것입니다. 자녀를 잃은 어느 목사님이 아들의 장례식에서 고백하신 '일곱 가지 감사'를 본 적이 있습니다. 그때 그 목사님도 같은 말씀을 하셨습니다. 이제 자기에게 자녀를 잃은 다른 사람을 위로할 힘이 생겼다고.

평생 잘 먹고 잘살며 모든 일이 순탄했던 사람이 다른 사람의 아픔을 어찌 알겠습니까? 다른 사람의 아픔에 깊이 공감할 수 없으니 그 사람을 위해 기도해줄 수 있는 힘이 있겠습니까?

고난을 잘 겪으면 엄청난 에너지가 생깁니다. 저도 많은 고난을 겪으면서 체험했습니다. 고난당할 때는 진짜 너무 힘들었는데, 그 길을 통과하고 보니 확실히 고난이 에너지가 되었습니다. 다른 사람을 도울 힘이 생겼습니다.

영어로 "Scars into stars"라는 말이 있습니다. '상처는 별이 된다'라는 뜻입니다. 상처가 별 모양이지 않습니까? 상처 없는 사람은 없을 것입니다. 다 저마다의 상처로 아팠던 경험과 흔적이 있을 것입니다. 그렇기 때문에 우리가 다른 사람을 위로할 수 있고, 전도도 할 수 있는 것입니다. 다른 사람을 위해 눈물을 흘려줄 수 있고 중보기도를 해줄 힘도 생겼다는 것입니다. 하나님이 우리에게 계급장을 달아주신 것입니다.

우리가 죽는다고 죽는 것이 아닙니다. 우리는 죽어서 천국에 가지만, 그렇다고 세상에서 우리의 영향력이 절대 없어지는 것이 아닙니다. 우리가 다른 사람에게 전한 사랑과 베풂과 섬김

이 우리가 세상을 떠난 후에라도 수많은 사람의 마음속에 남아 있다는 것을 꼭 기억하길 바랍니다.

고난이 가져다주는 새로운 변화

저는 고난이 올 때 가장 큰 의사결정을 합니다. 고난 앞에서 생각이 바뀝니다. 평소라면 절대 고려하지 않을 의사결정을 하게 됩니다.

회사의 매출이 잘 나올 때는 평소의 생각을 여간해서 바꾸지 않습니다. 매출이 잘 나오고 있는데 굳이 변화할 필요성을 못 느끼는 것입니다. 하지만 매출이 바닥을 치면 당장 다음날 운영팀 전체를 불러서 대책 회의를 합니다. 그리고 평소라면 절대 하지 않을 결정들을 하게 되죠. 생각이 바뀌는 것입니다. 가는 길이 바뀌는 것입니다. 지나 보니 그게 살길이었습니다. 하나님이 회사를 살리시기 위해서 그렇게 하신 것이었습니다. 저는 그것도 모르고 매출이 떨어지면 엄청 괴로워하곤 했습니다.

우리의 인생은 아주 긴 스토리입니다. 짧은 한 장면만 보면 고난처럼 보일 수도 있지만 긴 인생으로 볼 때는 고난이 아니라 축복인 경우도 많습니다. 그래서 고난처럼 보인다고 해서 불평하면 안 됩니다. 로버트 슐러 목사님이 설교 중에 인용했던 시를 소개해드립니다.

절벽 가까이로

나를 부르셔서 다가갔습니다.

절벽 끝에 더 가까이 오라고 하셔서

더 가까이 다가갔습니다.

그랬더니 절벽에

겨우 발을 붙이고 서 있는 나를

절벽 아래로

밀어버리시는 것이었습니다.

물론 나는 그 절벽 아래로 떨어졌습니다.

그때서야 나는

내가 날 수 있다는 사실을 알았습니다.

(크리스토퍼 로그)

성경을 보면 수많은 사람이 고난의 순간을 만납니다. 요셉은 보디발 장군 부인의 유혹을 거절해서 감옥에 가게 되었습니다. 군사들이 와서 그를 줄에 묶어 감옥으로 끌고 갑니다. 그렇게 갑작스레 감옥에 갇힌 순간 그의 심정은 어땠을까요? 하나님을 원망하고 분노했을까요? "아, 하나님은 계시지 않나봐!" 이렇게 말했을까요?

요셉은 그렇게 하지 않았습니다. 그는 억울하게 갇힌 그 순간에도 하나님의 주권과 능력을 인정했습니다. 그리고 감옥에서 애굽 왕의 측근들과 만난 요셉은 장차 총리가 되는 기회까지 얻게 됩니다. 우리는 성경에 나오는 요셉 이야기의 결말을 알고 있기 때문에 요셉이 고난 후 맞이할 축복에 대해 알고 있습니다. 그래서 요셉은 걱정할 필요도 없고 그 모든 것이 하나님께서 계획하신 일이라는 것도 압니다. 하지만 당시의 요셉에게 그 일은 너무나 큰 고난이었을 것입니다.

이삭을 데리고 산에 올라갔을 때 아브라함의 심정은 어땠을까요? 100세에 낳은 아들인 이삭을 자신의 손으로 죽여 제사를 지내야 하는 심정. 이삭과 산에 올라가면서 대화할 때 그 마음은 엄청난 고난이었을 겁니다.

애굽에서 나와 홍해 앞에 선 모세와 이스라엘 백성의 심정은 어땠을까요? 앞에는 홍해가 있고 뒤에는 애굽 군대가 그들을 죽이려고 쫓아오고 있었습니다. 하지만 잠시 후 그들은 성경 역사상 최고의 기적을 경험하게 됩니다.

복음을 전하다 수없이 매를 맞고 척추를 다쳐 일어서지도 못했던 사도 바울의 심정은 어땠을까요? 존 번연은 국가가 허락하지 않은 십자가 설교를 멈추지 않는다는 이유로 감옥에서 12년을 보내게 됩니다. 그리고 그 감옥 안에서 성경 다음으로 많이 팔렸다는 대작 《천로역정》을 쓰게 됩니다. 존 번연이 그런 시련을 겪지 않았다면 그 책은 나오지 못했을지도 모릅니다.

저도 예전엔 고난을 겪을 때면 하나님이 저와 반대편에 계신 줄 알고 원망하곤 했습니다. 안 좋은 일만 생기면 마음의 칼을 하나님께 겨눴습니다. 하지만 지나고 보면 하나님은 늘 저와 함께 계셨습니다. 고난 후에 저는 조금씩 늘 새롭게 변화되었습니다.

내가 가는 길을 그가 아시나니 그가 나를 단련하신 후에는 내가 순금 같이 되어 나오리라 욥 23:10

지금 이 순간 하나님과 마귀가 동시에 우리의 모습을 보고 있습니다. 마귀는 우리가 시련 앞에서 하나님을 원망하기를 고대하며 기다리고 있습니다. 마귀의 생각과 반대로 가야 합니다. 이해가 안 되더라도 고난 앞에서 우리는 감사해야 합니다. 우리가 감사할 때 마귀는 좌절합니다.

시련은 하나님께 내 믿음을 보여드릴 수 있는 절호의 기회입니다. 하나님을 감동시켜 드릴 수 있는 아주 좋은 기회입니다. 우리가 고난 앞에서 주님을 인정하고 감사하면 주님이 일하기 시작하십니다.

하나님을 높이는 기도

제가 기도수첩에 적어놓은 하나님을 높여드리는 기도문을 나누고 싶습니다.

"하나님, 제가 주님의 모든 은혜를 깨닫게 하소서.

주님의 사랑이 얼마나 한없고 넓으며

얼마나 깊고도 높은지를

진정으로 깨닫게 되기를 기도합니다.

주님, 제가 다니엘처럼 기도자로 살게 하소서.

기도의 능력을 더 체험하게 하소서.

기도의 비밀을 더 알려주소서.

기도에 더 힘쓰게 하소서.

제가 기도의 시간을 더 갖게 하소서.

주님, 모든 능력과 권세는 하나님의 것입니다.

저는 주님의 자녀로 이 모든 것을 공짜로 누립니다.

저를 자녀로 삼아주셔서 감사합니다.

제가 누리는 모든 것은 주님이 공급해주신 것입니다.

주님은 저의 아버지십니다. 주님을 의지합니다.

주님은 신실하십니다. 주님은 선하십니다.

주님은 저의 피난처이십니다.

주님, 저를 불쌍히 여겨주시옵소서.

제 인생에 개입해주소서.

저에게 큰 믿음을 주소서.

주님을 더욱더 사랑하게 하소서.

주님을 더 알게 하소서.

마음의 시험이 들지 않게 하소서.

하나님의 말씀을 제 영혼에 새거주소서.

주님의 영광을 위해서 살게 하소서.

성령 충만한 삶을 살게 하소서."

정말로 모든 것이 주님의 은혜입니다. 예전에는 제가 잘나서 성공했다고 생각했던 적도 있었는데, 제가 살아 숨 쉬는 모든 것, 제가 누리는 모든 것이 다 주님의 은혜라는 것을 깨닫고 나니 기도할 때마다 너무 기쁩니다.

세상에서 가장 불쌍한 사람은 하나님 안 믿는 돈 많은 부자입니다. 이미 그들은 세상에서 왕처럼 살고 있습니다. 그 사람이 하나님께로 돌아올 수 있는 길이 얼마나 좁고 험하겠습니까? 하나님을 안 믿는 돈 많은 부자는 그 길을 가기가 너무 어렵습니다.

가끔은 우리가 태평양에 떠 있는 작은 배 같다는 생각을 합니다. 이 태평양에 폭풍이 불면 우리는 출렁입니다. 우리에게 돈이 얼마나 있든 우리는 인생의 광풍 속에서 늘 마음이 두렵고 흔들립니다. 어떻게 해야 평안을 누릴 수 있습니까? 절대자이신 성령께서 배를 딱 붙잡으시면 어떤 폭풍우가 와도 우리는 흔들리지 않습니다.

세상에서 돈 많다고 자랑하는 사람들이라고 해도 호화 여객선 정도 되지 않겠습니까? 호화 여객선이라고 해도 폭풍 오면 뒤집히고 산산조각이 납니다. 그러니 우리는 돈을 의지하는 것이 아니라 하나님을 의지해야 합니다.

혹시 두려움에 떠는 분이 있습니까? 우리는 성령님께 붙들려야 두려움에서 벗어날 수 있습니다. 세상적인 성공만 바라보는 것이 아니라 먼저 주님의 뜻에 맞는 기도를 하고, 주님이 무엇을 원하시는지를 알아야 합니다. 그리고 우리의 자녀를 그렇게 이끌어주어야 합니다.

05

끝을 알기에 기다릴 수 있다

✳

하나님은 아브라함에게 아들을 주시겠다고 약속하신 후에 아브라함을 한참 동안 기다리게 하셨습니다. 그리고 중간중간에 믿음이 흔들리는 아브라함과 사라 부부에게 계속 나타나셔서 아들을 주시겠다고 또 약속만 하시고 계속 기다리게 하셨습니다.

여기서 의문이 생깁니다. 아들을 바로 주시면 될 것을 왜 계속 주시겠다고 약속만 하시고 아브라함 부부에게 믿음을 가지고(나를 믿고) 계속 기다리라고 하셨을까요?

하나님이 우리를 기다리게 하시는 이유

우리도 살면서 이런 경험을 많이 합니다. 하나님은 때때로 기도 응답을 즉시 안 해주시고 계속 기도하게 하시면서 한참을 기다리게 하십니다. 하나님은 왜 이렇게 우리를 힘들게 하시는 것일까요?

우리를 기도하면서 기다리게 하시는 이유는 하나님은 엄청나게 더 큰 것, 바로 천국의 삶을 우리에게 주시기 위해서입니다. 하나님은 인간의 믿음이 약함을 잘 아십니다. 하나님은 우리가 믿음이 없어서 천국에 들어가지 못할까 봐 우리에게 믿음의 훈련을 시키시는 것입니다.

지금 세상은 너무나 악합니다. 이미 그 악함이 우리 마음 안에 깊숙이 침투해 있습니다. 또 세상의 유혹은 너무나 많습니다. 그런데 우리의 믿음의 뿌리는 너무나 약하고 짧습니다. 작은 시련에도 꽉꽉 쓰러집니다.

하나님은 우리가 어떤 상황에서도 흔들리지 않는 굳건한 믿음을 가지길 원하십니다. 작은 시련 앞에서도 하나님을 원망하고 하나님께 등을 돌리는 믿음 없는 사람들을 불쌍히 여기시는 하나님은 보이지 않는 하나님을 진짜 믿게 하고, 강하고 담대한 믿음을 주시기 위해서 우리에게 믿음의 훈련을 시키십니다. 내가 너에게 약속을 했으니 그 약속을 믿고 기도하며 기다리라는 것입니다. 선하신 하나님을 믿고 늘 좋게 해주시기를 원하시는 하나님을 믿고 하나님의 때를 기다리라고 하시는 것입니다.

진짜 믿으면 기다릴 수 있습니다. 눈에 보일 때 믿는 믿음은 진정한 의미에서의 믿음이라고 할 수 없습니다. 진짜 믿음은 아무것도 보이지 않을 때도 믿는 것입니다. 아무것도 들리지 않을 때도 믿는 것입니다.

구원 얻는 믿음을 선물로 주시기 위해

아람 왕의 군대 장관이었던 나아만 장군은 아람 나라의 전쟁영웅이었습니다. 하지만 그는 불치병인 문둥병에 걸려 있었습니다. 그는 병을 치료할 수 있다는 기대감에 이스라엘의 엘리사 선지자를 찾아갑니다. 엘리사 집 앞까지 찾아갔지만 엘리사는 나와보지도 않습니다. 그리고 심부름꾼을 시켜 나아만 장군에게 "요단강으로 가서 일곱 번을 씻으면 문둥병이 나을 것이다"라고 말합니다.

요단강은 그 주위의 강 중에서 제일 더러운 강이었습니다. 나아만 장군은 나와보지도 않고 터무니없는 방법을 가르쳐준 엘리사에게 크게 화를 내며 발길을 돌립니다. 그때 나아만의 종들이 여기까지 왔는데 시키는 대로 해보자고 나아만 장군을 설득합니다.

"주인님, 만약 저 예언자가 그보다 더 큰 일을 하라고 했더라도 그대로 하지 않았겠습니까? 그런데 기껏해야 몸을 씻으라는 것뿐인데 그 정도도 하지 못하시겠습니까?"(왕하 5:13, 쉬운성경) 결국 나아만 장군은 자존심을 꺾고 요단강으로 가서 요단강에 몸을 담급니다. 일곱 번 몸을 담그자 나아만의 피부가 마치 어린아이 피부처럼 깨끗해졌습니다.

자, 그럼 왜 하나님은 나아만 장군을 엘리사를 통해서 바로 고쳐주실 수 있으셨는데 안 고쳐주시고 가장 더러운 요단강으로 보내서 한 번도 아니고 일곱 번을 담그라고 하셨을까요? 하나님은 나아만 장군에게 믿음을 주시기 위해서 그렇게 하신 것입니다.

나아만 장군과 그를 따르는 온 무리가 엘리사를 다시 찾아갑니다. 그제야 나아만 장군은 엘리사를 직접 만날 수 있었습니다. 나아만 장군이 엘리사에게 말합니다.

온 땅 가운데서 하나님이 계시는 곳은 오직 이스라엘밖에 없다는 것을 이제야 알았소. 왕하 5:15, 쉬운성경

나아만 장군에게 이제 큰 믿음이 생겼습니다. 나아만 장군이 자존심을 버리고 믿음의 훈련을 받아들이자 하나님께 큰 믿음을 선물로 받았습니다.

그리고 나아만 장군은 문둥병이 치료되는 것과는 비교도 안 되는 축복! 즉 천국에 들어갈 수 있는 믿음의 사람이 된 것입니다. 나아만 장군은 문둥병으로 인해 하나님의 자녀가 되는 축

복을 받았습니다. 그를 오랫동안 괴롭히던 그 문둥병 덕분에 그는 영원한 생명을 얻게 되었습니다.

우리가 인생에서 당하는 인생의 고난이 반드시 나쁜 것만은 아닙니다. 고난은 우리로 하여금 하나님을 찾게 만듭니다. 나아만 장군이 문둥병이 걸리지 않았더라면 그는 지옥에 갈 수밖에 없는 운명이었습니다. 이전까지 나아만 장군은 자기가 모시는 아람 왕과 함께 림몬 신을 섬기고 있었기 때문입니다. 나아만 장군은 엘리사에게 자신은 이제부터 다른 신을 섬기지 않고 오직 여호와만을 섬기겠다고 말합니다.

믿음이 있어야 천국에 갈 수 있다

우리가 사업에 실패하거나 대학입시에 실패하면 너무나 괴롭지만, 주님은 더 큰 것을 보십니다. 우리 인생 전체의 큰 그림을 보시는 것입니다.

사업은 나중에 다른 사업을 해서 더 잘될 수도 있습니다. 대학은 재수해서 들어갈 수도 있습니다. 하나님은 우리가 좋은 대학을 가거나 사업이 성공하는 것보다 우리가 지옥에 가지 않고 천국에 가는 것에 온 신경을 쓰십니다. 그래서 우리의 믿음을 키워주려고 하시는 것입니다. 믿음이 있어야 천국에 갈 수 있기 때문입니다.

성경의 핵심 메시지는 바로 하나님나라, 즉 천국입니다. 예수님이 왜 십자가에 못 박혀 돌아가셨습니까? 우리가 우리의 죄 때문에 지옥에 갈까 봐 예수님은 자신을 희생하셨습니다.

예수님의 첫 번째 설교는 바로 천국에 대한 것이었습니다. 예수님은 열두 제자를 선정하시기 전에 먼저 이렇게 전도하며 다니셨습니다.

이때부터 예수께서 비로소 전파하여 이르시되 회개하라 천국이 가까이 왔느니라 하시더라 마 4:17

예수님은 한 명이라도 더 천국으로 인도하시기 위해 열심히 전도하셨습니다. 예수님의 마지막 설교도 바로 하나님나라, 천국에 대한 것이었습니다.

예수님께서는 고난을 받으신 후, 사도들에게 자신의 모습을 보여주셨고, 여러 가지 방법으로 자기가 살아 계시다는 것을 증언하셨습니다. 예수님은 사십 일 동안이나 이 사람들에게 나타나셨으며, 하나님의 나라에 관해 말씀하셨습니다. 행 1:3. 쉬운성경

그리고 예수님은 하늘로 올라가셨습니다. 예수님이 가장 중요하게 생각하시는 것이 바로 천국이었습니다. 천국은 기독교

신앙의 핵심입니다.

미래에서 현재를 본다

세상의 사고방식과 기독교적 사고방식은 구조적으로 엄청난 차이가 있습니다. 세상의 사고방식은 과거, 현재, 미래 순으로 시간의 흐름대로 사고합니다.

즉 과거가 현재에 영향을 끼치고, 현재가 미래에 영향을 끼친다고 생각합니다. 오늘 하루 내가 일을 열심히 하는 것도, 오늘 하루 공부를 열심히 하는 것도 다 현재가 미래에 영향을 끼친다고 생각하기 때문입니다. 오늘 내가 노력하지 않으면 미래가 불확실하다고 생각합니다. 그래서 불확실한 미래에 대한 두려움을 느끼며 인생을 삽니다.

하지만 기독교적 사고방식은 이것과는 반대입니다. 기독교적 사고방식은 현재에서 미래 순으로 사고하지 않고 반대로 미래에서 현재 순으로 사고합니다. 미래를 먼저 알고 미래에서 현재 나의 삶을 바라봅니다.

예수님은 십자가에 달려 돌아가시기 전에 이미 부활하실 것을 알고 계셨습니다. 즉 예수님은 다시 살아나실 것을 아시기에 담대하게 십자가의 길을 가신 것입니다. 예수님도 십자가의 고통을 피하고 싶은 생각이 있었지만 하나님의 뜻이기에 순종하고 받아들이셨으며, 다시 살아나실 것을 아시기에 십자가의 고난을 참고 인내하실 수 있으셨습니다. 즉, 예수님은 부활하신 후의 미래에서 현재 십자가에 매달린 자신을 바라보는 사고방식이 가능하셨던 것입니다. 이처럼 기독교적인 사고방식은 미래에서 현재를 보는 것입니다.

예수님 덕분에 이런 사고방식이 우리에게도 가능해졌습니다. 예수님께서 십자가에서 죄의 문제를 이미 해결하셨기 때문에 우리에게 천국 소망이 생겼습니다.

내가 지은 죄로 인해 지옥에 갈 수밖에 없었던 우리가 예수님의 희생으로 천국에 갈 수 있게 되었습니다. 내가 지은 죄를 회개한 사람은 모든 죄가 용서함을 받았기 때문에 이미 생명책에 이름이 기록이 되었고 천국 시민증을 받았습니다. 이것은 미래의 일이지만 이미 결정된 사항입니다. 천국 시민권이 있는 사람은 그런 자신의 미래를 알기에 현재의 삶이 아무리 고되고 힘들어도 포기하지 않고 하루하루를 잘 견뎌낼 수 있는 것입니다.

사업이 망해도, 자녀가 아파도 우리가 웃을 수 있고 우리에게 여전히 기쁨이 있고, 우리가 하나님을 찬양할 수 있는 이유는 사람의 인생은 화살처럼 빨리 지나가고 내 삶도 끝나는 날이 머지않아 올 텐데, 그때 나는 천국에 들어가 영원한 안식을 누릴 수 있다는 것을 확실하게 믿기 때문입니다. 천국 시민권이 있기에 웬만한 일에 쉽게 좌절하지 않습니다.

이런 기독교적 사고방식을 가진 사람을 세상은 무서워합니다. 이런 사람들은 현재 내가 힘들다고 어렵다고 포기하지 않습니다. 심지어 선교지에 가서 기꺼이 순교도 할 수 있는 것입니다.

매일 우리는 세상의 죄와 싸우시만 이미 승부는 끝나 있는 전쟁입니다. 예수님이 이미 승리하셨기 때문에 "내가 이 전쟁에서 승리할 수 있을까?"라고 고민할 필요가 없습니다. 예수님과 함께라면 결과는 반드시 승리할 것이기 때문입니다. 현재의 삶에서 고난을 겪으며 믿음이 흔들리는 우리에게 오늘도 말씀하십니다.

이것을 너희에게 이르는 것은 너희로 내 안에서 평안을 누리게 하려 함이라 세상에서는 너희가 환난을 당하나 담대하라 내가 세상을 이기었노라 요 16:33

우리가 기도할 때 하나님이 응답해주십니다. 즉 하나님께서 미래를 먼저 알려주시는 것입니다. 이렇게 응답을 받으면 우리가 기도한 것이 이루어질 것을 알기에 마음의 근심과 두려움이 사라지게 됩니다.

응답을 먼저 받았기에 현재가 걱정이 되지 않습니다. 응답을 받은 미래의 나의 관점에서 오늘 내가 어떻게 살아야 할지를 생각할 수 있게 되는 것입니다.

이 확신으로 현재의 고난 앞에서도 하나님의 약속을 기다릴 수 있는 것입니다.

부모의
기도가
자녀를 지킨다

06

매일, 예배하라

✳

저는 월요일부터 토요일까지 매일 혼자 골방에서 예배를 드립니다. 주일에는 교회에서 예배를 드리기 때문에 혼자서는 예배를 드리지 않습니다. 골방에서 제가 예배하는 순서는 4단계입니다. 저는 이 단계가 무척 중요하다고 생각합니다. 첫 번째가 찬양, 두 번째가 회개, 세 번째가 성경 말씀 읽기, 네 번째가 기도(간구)입니다.

1단계 - 찬양

우리가 왜 태어났습니까? 하나님을 찬양하기 위해서, 하나님을 예배하기 위해서 태어난 것 아닙니까? 하나님은 영광을 받으시기 위해 우리를 창조하셨고 찬양을 받으시기 위해, 예배를 받으시기 위해 우리를 창조하셨습니다. 우리의 창조 목적이 찬양이고 예배인 것입니다.

　우리가 찬양하면 하나님은 너무 기뻐하십니다. 만약 우리가 아침마다 찬양을 하면, 하나님은 그 시간에 먼저 와서 기다리고 계십니다. 우리가 찬양하면 하나님은 천국에서 덩실덩실 춤을 추십니다. 이렇게 하나님께서 좋아하시는 찬양을 우리가 매일 불러드려야 하지 않을까요?

　찬양하면 또 하나 좋은 것이 마귀의 영이 내게서 떠나갑니다. 마귀는 교만의 영이기 때문에 하나님을 높여 드리는 찬양을 너무 싫어합니다. 마귀 자신이 높아져야 하는데 우리가 하나님을 높이니, 마귀가 견딜 수 없어 합니다.

　저는 매일 찬송가 한 장을 아침, 저녁으로 두 번 4절까지 다 부르는데, 제가 느끼기에 1절을 부르면 마귀들이 기분 나빠합니다. 2절쯤 부르면 조짐이 좀 안 좋습니다. 제게 심한 욕도 하는 것 같습니다. 3절 정도 부르면 짐을 싸기 시작합니다. 4절까지 다 부르면 '내가 웬만하면 버텨보려고 했는데 도저히 못 참겠다' 하고는 떠나갑니다.

　마귀가 역사하면 마음이 우울하고 두려움이 몰려옵니다. 마음이 우울하고 두려울 때, 슬픔으로 가득할 때 찬송을 부르면 마귀가 떠나가 어두운 마음이 걷히고 기쁨과 평안이 찾아옵니다.

2단계 - 회개

그다음은 회개입니다. 예수님이 십자가의 고난과 죽으심을 앞두고 열두 제자들과 함께 마지막 저녁 식사 곧 최후의 만찬을 하실 때 제자들의 발을 씻겨주시면서 회개에 대해 설명해주셨습니다.

이미 목욕한 자는 발밖에 씻을 필요가 없느니라 온 몸이 깨끗하니라 너희가 깨끗하나 다는 아니니라 요 13:10

우리는 예수 그리스도를 믿고 성령을 받을 때 태어나서 지은 모든 죄에 대한 사함을 받았습니다. 그런데 우리는 또 죄를 짓습니다. 행동으로 짓는 죄뿐 아니라 마음속의 두려움, 시기, 욕심 등 크고 작은 죄를 매일 짓습니다.

우리가 하나님과 하나로 딱 붙어 있어야 강력한 연합이 생기고, 그래야 무슨 일을 하든지 하나님의 능력으로 성과를 거두게 되는데, 우리가 매일 죄를 짓기 때문에 하나님과 우리 사이에 죄가 끼어듭니다.

하나님과 우리 사이에 죄가 들어오면 무슨 문제가 벌어집니까? 마귀는 죄에 개입할 수 있는 권한이 있기 때문에, 그 죄를 가지고 물고 늘어집니다. 마귀는 아주 끈질기고 악독하게 그 죄에 들러붙어 우리를 괴롭힙니다.

그래서 우리가 회개해야 하는 것입니다. 회개하면 좋으신 하나님께서 죄가 없다고 해주십니다. 저는 그런 경험을 많이 했습니다. 어제 분명히 죄를 지었어도 오늘 회개하면 하나님께서는 죄가 없다고 하십니다. 저는 이해가 잘되지 않았습니다. 그래서 하나님께 여쭤보았습니다.

'하나님, 저는 어제 죄지은 것이 기억나는데요?'

그러면 하나님은 이렇게 말씀하십니다.

'나는 기억 안 나는데.'

나는 그들이 저지른 악한 일을 다 용서하고, 그들의 죄를 더 이상 기억하지 않을 것이다. 히 8:12, 쉬운성경

우리는 죽으면 예외 없이 심판대에 서게 됩니다. 그때 평생 마음으로, 행동으로 지은 죄가 우리 앞에 펼쳐질 텐데, 우리는 우리의 죄가 부끄러워 얼굴도 못 들 것입니다. 그런데 좋은 소식이 있습니다. 우리가 지은 죄를 회개하면 하나님은 그 죄를 없는 것으로 해주시기 때문에 회개한 죄는 죄 목록에 나오지 않을 것입니다. 그래서 하나님은 우리가 회개하면 더 이상 우리를 죄인으로 보시지 않고 의인으로 보십니다.

우리가 죄를 고백하면, 그분은 우리를 용서해주실 것입니다. 그

분은 옳은 일만 행하시는 분이기 때문에 우리는 그분을 믿을
수 있습니다. 그분은 우리의 모든 잘못을 깨끗하게 해주실 것입
니다. 요일 1:9, 쉬운성경

우리 하나님이 이렇게 좋으신 분이고, 회개가 이렇게 좋은 것
입니다. 이렇게 좋은 회개를 왜 안 합니까? 우리가 집에 돌아와
더러워진 손발을 씻는 것처럼 매일 회개함으로 죄 사함을 받아
야 하는 것입니다.

C. S. 루이스는 책 《순전한 기독교》에서 그리스도인이란 절
대 잘못을 저지르지 않는 사람이 아니라 넘어질 때마다 회개하
고 다시 일어나 새롭게 시작할 수 있는 사람이라고 했습니다.
우리가 회개하면 하나님과 우리 사이에 끼어 있던 죄가 싹 사
라집니다. 그러면 하나님과 우리 사이에는 다시 강력한 연합이
일어납니다.

3단계 - 성경 말씀 읽기

그리고 세 번째로 반드시 성경 말씀을 매일 봐야 합니다. 우
리는 말씀을 통해 하나님의 뜻을 알게 됩니다. 성경은 보통 책
이 아닙니다. 살아 계신 하나님의 말씀이 담긴, 살아서 역사하
는 책이 성경입니다.

말씀에는 능력이 있어서 우리를 변화시킵니다. 성경을 통해 우리는 하나님의 사람으로 되어갑니다. 성경을 통해 우리는 하나님의 눈으로 세상을 바라보게 됩니다. 남들이 깨닫지 못하는 것을 깨닫고 남들이 보지 못하는 것을 보게 됩니다. 살아 계신 하나님의 말씀을 가까이 접하면서 우리는 그런 능력을 얻게 됩니다. 포도나무 가지가 나무에 붙어 있어서 모든 영양분을 나무에게 공급받는 것처럼 우리는 하나님의 능력을 공급받게 됩니다.

말씀을 보면 우리 안에 믿음이 생기게 됩니다. 그리고 말씀을 계속 보면 믿음이 자라게 됩니다. 로마서에 보면 믿음은 들음에서 난다고 하지 않습니까?

기도는 우리의 믿음에 반응하여 하나님이 이루어주시는 것이기에 우리는 반드시 하나님의 말씀을 보고, 목사님을 통해 그 말씀을 들음으로써 믿음이 자라게 해야 합니다. 믿음이 커지면 기도의 힘도 커집니다. 결국 우리의 기도의 힘은 하나님의 말씀에서 나오는 것입니다.

4단계 – 기도

마지막으로 네 번째 단계가 기도(간구)입니다. 기도할 때는 가능하면 조직을 갖춰서 기도하는 것이 좋습니다. 지난 몇 년

간 코로나 때문에 집에서 혼자 예배드리는 사람도 많아지고, 혼자서 신앙생활 하려는 사람도 많은데 이는 굉장히 위험합니다. 사실 어림없는 일입니다. 우리의 대적 마귀들은 조직을 갖춰서 우리를 공격한다는 것을 꼭 알아야 합니다.

우리는 마귀와 일대일로 붙어도 쉽지 않습니다. 우리의 영적인 수준이 소위라고 한다면 마귀 세력은 계급이 더 높은 대령을 보냅니다. 소위와 대령이 붙으면 소위가 이기기 쉽지 않지요. 더 중요한 것은 마귀 세력들은 조직을 갖춰 떼로 덤빈다는 것입니다.

그런 상황에서 '나는 나 혼자 온라인으로 예배드리는 게 좋아. 동역자가 꼭 있어야 하나? 그냥 이렇게 혼자서 기도하면서 신앙생활 편하게 할래'라고 하는 것은 영적으로 죽기 딱 좋은 상황입니다. 마치 정글에서 조랑말 하나가 '내가 맹수들을 요리조리 잘 피해서 이 정글에서 평생 잘 살아보겠다'라고 하는 것과 마찬가지입니다.

혼자 신앙생활을 하면 반드시 위기를 겪습니다. 인생은 영적 전쟁의 연속입니다. 우리는 지금 마귀와 전쟁 중이라는 것을 절대 잊으면 안 됩니다.

아침에 이렇게 찬양, 회개, 성경 말씀 읽기, 기도 순으로 예배를 드리고 출근을 하면 하루가 든든합니다.

07

찬양하면 행복하다

✴

많은 사람이 자기 삶의 목적을 찾지 못해 방황합니다. 그것을 찾기 위해 서점에 가서 책도 읽어보고 유명한 사람들의 강연도 들어봅니다.

하지만 여전히 답을 찾지 못하고 내가 왜 사는지 알지 못한 채 하루하루 살아갑니다.

당신은 삶의 목적을 정확하게 찾았습니까? 하나님께서 우리를 창조하신 목적은 무엇일까요? 이 질문에 답을 주실 수 있는 분은 우리를 만드신 하나님밖에 없으십니다. 하나님은 성경을 통해 우리를 왜 창조하셨는지 정확하게 알려주셨습니다.

이 백성은 내가 나를 위하여 지었나니 나를 찬송하게 하려 함이니라 사 43:21

하나님은 하나님을 찬양하게 하려고 우리를 손수 만드셨습니다. 우리가 창조 목적에 맞는 삶을 살려면 매일의 삶 속에서 하나님을 찬양하며 살면 되는 것입니다.

우리는 하나님을 찬양하기 위해 존재한다

모든 것은 만들어진 목적대로 사용이 되어야 제 기능을 발휘할 수 있습니다. 망치는 망치가 만들어진 목적대로 사용해야 하고, 톱은 톱이 만들어진 목적대로 사용해야 제 기능을 발휘하는 것처럼 우리는 찬양하며 살 때 진짜 우리의 진가를 발휘하며 살 수 있게 되는 것입니다. 그리고 그렇게 살 때 우리는 행복합니다. 우리를 창조하신 하나님의 목적대로 살 때 비로소 우리는 행복해지는 것입니다.

아직도 많은 사람이 하나님이 나를 위해서 존재한다고 생각합니다. 그래서 하나님을 내가 원하는 것을 달라고 기도하면 그것을 주셔야 하는 분으로 생각하고, 기도해도 들어주지 않으시면 하나님을 원망합니다. 그러나 그렇지 않습니다. 하나님이 나를 위해서 존재하시는 것이 아니라 내가 하나님을 위해서 존재하는 것입니다. 그리고 나는 하나님을 찬양하기 위해 존재하는 것입니다.

또한 우리는 하나님의 영광을 위해서 창조되었습니다.

내 이름으로 불리는 모든 백성을 내게로 인도하여라. 내가 내 영광을 위해 그들을 지었다. 내가 그들을 창조하였다. 사 43:7, 쉬운성경

그런데 많은 사람이 자신의 영광을 위해 인생을 삽니다. 이것은 창조 목적에 맞지 않습니다. 그래서 자신의 영광을 위해 사는 사람들은 행복하게 살지 못하는 것입니다.

하나님은 자녀 된 우리가 하나님의 소유임을 명확하게 말씀하시면서 어떤 어려움 속에서도 확실히 보호해주시겠다고 약속해주셨습니다.

야곱아 너를 창조하신 여호와께서 지금 말씀하시느니라 이스라엘아 너를 지으신 이가 말씀하시느니라 너는 두려워하지 말라 내가 너를 구속하였고 내가 너를 지명하여 불렀나니 너는 내 것이라 네가 물 가운데로 지날 때에 내가 너와 함께 할 것이라 강을 건널 때에 물이 너를 침몰하지 못할 것이며 네가 불 가운데로 지날 때에 타지도 아니할 것이요 불꽃이 너를 사르지도 못하리니 사 43:1,2

하나님은 24시간 우리를 지켜주시고, 우리는 그런 하나님을 늘 찬양합니다. 이것은 아주 조화로운 관계입니다.

하지만 우리가 주님께 범죄하고 찬양하지 않을 때 이 관계에 균열이 생깁니다. 이스라엘의 초대 왕 사울이 그랬습니다.

기름 부음을 받은 사울은 겸손하고 용맹하며 성령의 감동으로 예언을 하기도 했던 탁월한 왕이었습니다. 그러나 세월이 흐르면서 그는 변해갔습니다. 하나님께 순종하기보다 백성들에게 인기를 얻고자 했고, 욕심과 명예욕에 눈이 멀어 하나님을 멀리하게 됩니다.

사울은 하나님께 영광을 돌리기보다는 자신의 명예에 집착했고 하나님의 명령에 순종하지 않았습니다. 하나님은 이런 사울을 이스라엘의 왕으로 삼으신 것을 후회하셨습니다. 결국 여호와의 영이 사울에게서 떠났습니다. 하나님은 악한 영이 사울을 괴롭히는 것을 내버려두십니다.

블레셋과의 마지막 전투에서 자신감을 잃고 두려움에 떨던 그는 결국 점쟁이를 찾아갑니다. 하나님을 의지하지 않고 점쟁이를 의존했던 사울은 결국 자신의 세 아들과 한날에 죽는 비극의 주인공이 되죠. 사울 왕의 가문은 그 후 초토화되고 맙니다.

고난 가운데 드리는 찬양이 귀하다

다윗은 양 떼를 지키며 혼자 들판에 있을 때 시간만 나면 수금을 연주하며 하나님을 찬양했습니다. 캄캄한 밤에 혼자 외로울 때도 사나운 맹수가 공격해올 때도 다윗은 항상 하나님을 찬양했습니다. 그럴 때마다 하나님은 찬양하는 다윗과 함께 해주셨습니다. 다윗은 늘 하나님에 대한 사랑을 찬양으로 표현하였습니다. 하나님은 이런 다윗을 너무나 사랑하셨습니다. 그리고 다윗을 '내 마음에 맞는 사람'이라고 하십니다.

그후, 하나님께서는 사울을 물리치시고 다윗을 그들의 왕으로 삼으셨습니다. 하나님께서는 다윗에 대해 '내가 이새의 아들 다윗을 보니, 그는 내 마음에 드는 사람이다. 그가 내 뜻을 다 이룰 것이다'라고 말씀하셨습니다. 행 13:22. 쉬운성경

다윗은 찬양을 통해 자신의 믿음을 표현했습니다. 다윗은 찬양을 통해 자신의 믿음을 입술로 고백했습니다. 이런 다윗은 하나님께 그 믿음을 인정받았습니다.

다윗은 늘 하나님을 찬양했습니다. 평안할 때도 찬양을 부르고 고난을 겪을 때도 찬양을 부르고 전쟁할 때도 찬양을 불렀습니다. 시편에는 하나님을 찬양하는 시가 가장 많은데 그중에 다윗이 하나님을 찬양한 시가 가장 많습니다. 150편의 시편 중에 다윗의 시가 73편이나 됩니다. 그중에 대부분은 광야에서 쓴 것입니다. 다윗은 고독한 광야에서 죽음의 위협을 만나는 순간에도 하나님을 찬양했습니다. 사울 왕이 자신을 죽이러 쫓아올 때도 다윗은 그 죽음의 공포 속에서 하나님을 찬양하는 시를 지어 찬양했습니다.

여호와는 나의 목자시니 내게 부족함이 없으리로다

그가 나를 푸른 풀밭에 누이시며

쉴 만한 물가로 인도하시는도다

내 영혼을 소생시키시고 자기 이름을 위하여

의의 길로 인도하시는도다

(시 23:1-3)

욥기 1장을 보면 욥이 재산과 종들을 다 잃어버리는 과정이 나옵니다. 그리고 마지막에 강풍으로 집이 무너져서 자녀들이 다 깔려 죽습니다. 이 비극 속에서 욥은 어떻게 했을까요?

욥이 일어나 겉옷을 찢고 머리털을 밀고 땅에 엎드려 예배하며 이르되 내가 모태에서 알몸으로 나왔사온즉 또한 알몸이 그리로 돌아가올지라 주신 이도 여호와시요 거두신 이도 여호와시오니 여호와의 이름이 찬송을 받으실지니이다 하고 이 모든 일에 욥이 범죄하지 아니하고 하나님을 향하여 원망하지 아니하니라

욥 1:20-22

욥은 재산도 다 잃고 자녀도 다 잃었습니다. 그 고통 가운데서도 욥은 땅에 엎드려서 하나님께 예배합니다. 그리고 여호와를 찬양합니다.

우리는 인생에서 큰 어려움을 겪어보면 진짜와 가짜를 비로소 구별할 수 있게 됩니다. 누가 진짜 나의 친구인지도 알게 되죠. 어려운 일을 겪을 때 내가 진짜 크리스천인지 아니면 가짜 크리스천인지 나의 실체도 바로 드러납니다. 우리가 고난 가운데서 하나님께 찬양을 드리면 하나님은 그 찬양을 귀하게 받아주십니다. 고난 가운데 드리는 찬양이 진짜 귀한 믿음의 고백이기 때문입니다.

찬양은 우리 믿음의 고백

예배의 핵심도 찬양입니다. 예배 시간에 보면 복이 터져라 찬양하는 사람이 있고 금붕어처럼 입만 뻐끔뻐끔 벌리는 사람들이 있습니다. 진짜 예배를 드리러 온 사람은 아주 정성껏 찬양해서 그 찬양을 주님께 올려드립니다. 그리고 진짜 믿음 좋은 사람들을 보면 평소에 길을 다니면서도 자신도 모르게 찬양을 부릅니다. 그의 믿음이 찬양을 통해서 나타나는 것입니다.

찬양은 일석 삼조입니다. 찬양은 하나님의 마음을 감동시킬 뿐 아니라 마귀를 대적하는 강력한 무기가 되고 자신에게는 힘과 용기를 줍니다. 혹시 마음에 두려움이 있으십니까? 크리스천에게 두려움이란 마귀의 미혹입니다. 마음에 두려움이 있다는 것은 마귀에게 미혹을 당하고 있는 것입니다. 그래서 하나님은 우리에게 항상 "두려워하지 말라"라고 하셨습니다.

두려움을 몰아내는 가장 좋은 방법이 바로 찬양하는 것입니다. 마귀는 찬양을 들으면 견딜 수 없어 합니다. 마귀는 우리가 찬양하는 것을 정말 끔찍이도 싫어합니다. 그래서 우리가 하나님을 계속 찬양하면 결국 마귀는 '아 이제는 도저히 못 참겠다'라면서 떠나갑니다. 찬송가를 계속 불러보십시오. 두려움이 물러갑니다. 특히 기쁨의 찬양을 부르면 두려움이 도망을 갑니다.

찬양은 우리의 믿음의 고백이고 곡조 있는 기도입니다. 그래서 찬양하면 그 믿음에 반응해주시는 주님의 빛이 우리를 비추십니다. 그러면 마귀가 떠나갑니다. 빛이 오시니 어둠이 있을 수가 없는 것입니다. 그래서 틈틈이 입술로 찬양하는 것은 아주 좋습니다.

하나님은 우리가 찬양할 때 정말 기뻐하시고 영광 받으십니다. 우리가 찬양하면 하나님은 덩실덩실 춤을 추십니다. 이렇게 하나님께서 기뻐하시는 찬양을 이제 꼭 매일 불러드립시다.

08

하나님께로 나아가는 필수조건

✳

우리는 '하나님'이라고 하면 먼저 사랑의 하나님을 생각합니다. 물론 하나님은 사랑의 하나님이 맞습니다. 그러나 하나님은 동시에 공의의 하나님, 심판의 하나님이십니다. 우리의 숨이 끊어지면 우리는 이제 공의의 하나님의 심판 앞에 서게 됩니다.

하나님은 모든 죄를 기억하신다!

심판대에 올라가면 내가 지은 모든 죄가 펼쳐질 텐데 아마 깜짝 놀랄 것입니다. 과거에 지은 죄를 대부분 잊은 채 살고 있었을 테니 말입니다. 그런데 어떤 죄를 지었는지 나는 잊어버려도 하나님은 모든 죄를 다 기억하고 계십니다. 마귀도 우리가 무슨 죄를 지었는지 다 기억하고 있습니다. 나만 기억하지 못하는 것입니다.

그리고 아무도 보지 못할 것이라고 생각했던 나만의 은밀한 죄들, 음란한 상상들, 내가 마음에 품었던 악한 생각들, 내가 죄라고 생각하지도 못했던 것들이 죄로 판정받는 것에 놀라게 될 것입니다.

> 우리가 저지른 악한 행위들이 다 주 앞에 있고, 우리가 숨어서 지은 죄들도 다 주가 보고 계십니다. 시 90:8, 쉬운성경

평생 내 인생의 주인이 자기 자신이라고 생각하며 마음대로 인생을 살면서 하나님의 청을 거절했던 사람들은 그제야 하나님께 무릎을 꿇고 살려달라고, 한 번만 기회를 더 달라고 빌 것입니다. 그때 재판장이신 하나님의 판결이 나옵니다. 하나님은 이렇게 물어보실 것입니다.

'너는 네 삶을 성경 말씀에 비추어 보았느냐? 네가 수많은 설교를 들었는데 그 설교를 듣고 네 삶을 말씀에 비추어 보았느냐? 너는 그 말씀을 듣고 회개하고 네 삶을 돌이켰느냐?'

회개하고 돌이키지 않은 사람에게는 주님이 이렇게 말씀하실 것입니다.

'너는 이미 수많은 말씀을 들었는데도, 내가 그토록 수많은 경고를 했는데도 네 삶을 돌이키지 않았다. 내가 이제 판결을 내린다!'

그런데 아무리 흉악한 죄를 많이 지었어도 죄의 목록에 아무 것도 안 나오는 사람이 있습니다. 살면서 그렇게 많은 죄를 지었는데 죄가 하나도 없다니, 이게 어떻게 된 일일까요? 맞습니다. 죄의 목록에 우리가 회개한 죄는 안 나옵니다. 이것이 얼마나 감사한 일입니까? 우리가 어떤 죄를 지었더라도 진심으로 회개했으면 심판할 때 그것은 죄의 목록에서 빼주신다는 것입니다.

후회와 회개는 다르다

그러면 회개란 무엇일까요? 많은 사람이 후회와 회개를 혼동합니다. 후회한 것을 회개했다고 착각합니다. 후회와 회개는 근본적으로 다른 개념입니다. 후회는 이전의 잘못을 깨닫고 가책을 느끼는 마음으로, 보통 현재에 영향을 주지 못하며 '과거에 만약 이렇게 했더라면'이라는 생각을 반복하는 상태를 말합니다. 회개는 헬라어로 '메타노이아'입니다. '메타'는 변화, 즉 바꾼다는 말을 뜻하고 '노이아'는 생각이라는 말입니다. 즉 '메타노이아'는 생각의 변화를 말합니다.

후회는 꼭 변화를 동반하는 것은 아니지만 회개는 반드시 변화를 동반합니다. 많은 사람이 기도하면서 눈물을 흘리면 그것이 회개라고 생각하는데, 회개는 단순히 과거의 잘못을 뉘

우치고 고치는 정도가 아닙니다. 회개는 그동안의 죄악된 삶에서 180도 돌이키는 것입니다. 회개는 같은 죄를 반복하지 않는 것입니다. 회개는 속사람이 근본적으로 새로워지는 변화입니다. 회개는 내 인생의 주인을 나에게서 하나님으로 바꾸는 것입니다. 그래서 회개는 삶의 방향과 목적이 바르게 뒤바뀌는 생각의 근본적인 변화를 말합니다. 회개의 정확한 개념을 모르면 큰일 납니다. 이것은 영생이 달린 문제입니다.

저는 '후회와 회개'라고 하면 생각나는 말씀이 있습니다.

하나님의 가르침을 듣고 아무것도 행하지 않는 사람은 거울을 들여다보고 있는 사람과 같습니다. 그는 자기 얼굴을 들여다보고도, 일어나면 금방 자신의 얼굴이 어떠했는지 잊어버립니다. 그러나 사람을 자유케 하는 하나님의 완전한 법을 살피는 사람은 들은 것을 잊어버리지 않고, 그 말씀대로 행하는 사람입니다. 이런 사람은 그 행하는 일에 복을 받을 것입니다. 약 1:23-25. 쉬운성경

그렇습니다. 후회하는 사람은 그냥 거울 보고 '아, 그랬구나' 하고 끝나는 것이고, 회개하는 사람은 바로 돌이키고 실천해서 마침내 복을 받게 됩니다.

사울과 다윗의 결정적 차이

사울과 다윗의 가장 큰 차이가 여기에 있습니다. 사울은 죄를 짓고 회개하지 않았습니다. 그는 변명과 후회만 했습니다. 하지만 다윗은 회개하고 자신의 삶을 돌이켜 같은 죄를 반복해서 짓지 않았습니다. 결국 사울은 하나님께 버림받아 비참하게 죽었고, 다윗은 간음죄와 살인죄까지 저질렀음에도 회개하고 돌이켜 하나님께 큰 사랑을 받았습니다. 하나님은 사무엘 선지자를 사울에게 보내서서 사울이 그 죄를 깨닫고 회개할 기회를 여러 번 주셨지만 그는 회개하지 않았습니다.

다윗을 시기 질투한 사울은 다윗을 죽이기 위해 눈에 불을 켜고 찾아다녔습니다. 그러던 어느 날 다윗이 엔게디 광야에 있다는 첩보가 들어옵니다. 사울은 급히 삼천 명을 뽑아 다윗을 찾아 나섭니다. 그러던 중 용변이 급했던 사울이 용변을 보기 위해 근처 동굴로 들어갑니다. 다윗과 부하들은 바로 그 동굴 안쪽에 숨어 있었습니다.

다윗의 부하들은 다윗에게 오늘 여호와께서 사울 왕을 당신에게 넘겨주었다고 말합니다. 다윗은 칼을 들고 기어서 사울에게 다가갑니다. 하지만 다윗은 사울을 죽이지 않고 옷자락만 잘라내었습니다. 사울이 동굴을 떠나 멀리 떨어지자 다윗이 잘라낸 옷자락을 들고 사울에게 소리칩니다.

"왕이시여 내 손에 있는 옷자락을 보십시오. 나는 왕에게 어떤 나쁜 일을 할 생각이 없는데 왜 저를 죽이려 하십니까?"

다윗의 말을 들은 사울은 깜짝 놀라서 울며 얘기했습니다.

"내 아들 다윗아, 이것이 정말 네 목소리냐? 너는 나에게 잘해주었는데, 나는 너에게 나쁜 일을 행했구나. 네가 오늘 나에게 착한 일을 하였으므로 여호와께서 너에게 상 주시기를 바란다."

그리고 사울 왕은 왕궁으로 돌아갔습니다. 사울 왕은 회개한 것일까요? 아닙니다. 사울 왕은 눈물을 흘리고 후회한 것이지 회개하지 않았습니다. 시간이 지나고 다윗이 하길라 언덕에 숨어 있다는 첩보가 또 들어왔습니다. 사울 왕은 어떻게 했을까요? 사울 왕은 또다시 삼천 명을 데리고 다윗을 잡으러 갑니다.

진짜 회개한 사람은 변합니다. 이 말은 어떤 사람이 변하지 않았다고 한다면 그 사람은 회개하지 않은 사람입니다. 변화가 되지 않은 회개는 가짜 회개입니다. 그저 지난날을 뉘우치고 눈물을 흘렸다고 회개가 아닙니다, 삶에 근본적인 변화가 있어야 진짜 회개입니다. 같은 잘못을 반복하는 것은 회개했다고 볼 수 없습니다.

천국은 죄 없는 사람이 가는 곳이 아니다

70억 인구 중에 죄 없는 사람은 단 한 명도 없습니다. 하지만 회개하고 죄 사함을 받으면 천국에 갈 수 있습니다. 천국은 죄 없는 사람이 가는 곳이 아니라 죄 사함을 받은 사람이 가는 곳입니다.

유대인의 지도자였던 니고데모가 밤중에 예수님을 찾아왔습니다. 그때 예수님께서 말씀하십니다.

"진실로 진실로 네게 이르노니 사람이 거듭나지 아니하면 하나님의 나라를 볼 수 없느니라"(요 3:3).

그런데 이 말씀을 니고데모가 잘 못 알아듣습니다. 니고데모가 예수님께 묻습니다.

"사람이 늙으면 어떻게 날 수 있사옵나이까 두 번째 모태에 들어갔다가 날 수 있사옵나이까?"(요 3:4).

그러자 예수님이 다시 대답해주십니다.

"진실로 진실로 네게 이르노니 사람이 물과 성령으로 나지 아니하면 하나님의 나라에 들어갈 수 없느니라"(요 3:4,5).

'거듭난다'라는 말은 다시 태어난다는 말입니다. 그런데 다시 태어나려면 그 전에 먼저 반드시 죽어야 합니다. 여기서 죽는 것은 옛사람입니다. 옛사람이란 내가 나의 주인이라고 생각하여 내 인생을 내 마음대로 살며 육신과 죄의 종노릇 하는 타락한 본성을 말합니다. 옛사람은 죄의 종으로 살아가고 있습니다.

종이 주인의 손에서 벗어날 방법은 하나밖에 없습니다. 그것은 죽는 것입니다. 종은 죽어야 비로소 주인의 손안에서 벗어날 수 있습니다. 우리가 거듭나려면 옛사람이 죽어야 합니다. 그것이 유일한 방법입니다. 죄의 종노릇 하는 옛사람은 이제 죽어야 합니다. 그러면 우리는 드디어 죄의 노예에서 해방이 됩니다.

> 우리는, 우리의 옛 사람이 그리스도와 함께 십자가에 못박혀 죄의 몸이 무력하게 되었으므로, 우리가 더 이상 죄의 노예가 되지 않는다는 것을 압니다. 롬 6:6, 쉬운성경

오순절 성령 강림 후 베드로는 예루살렘 거리로 나가 하나님 나라의 복음을 전합니다. 그때 베드로의 설교를 들은 많은 사람이 마음에 찔림을 받고 '우리가 어떻게 하면 좋겠습니까?'라고 물었습니다. 베드로가 이렇게 대답합니다.

"회개하십시오. 그리고 여러분 각 사람은 예수 그리스도의 이름으로 세례를 받고, 죄 용서를 받으십시오. 그리하면 성령을 선물로 받을 것입니다"(행 2:38, 새번역).

이 말씀에 순서가 잘 나와 있습니다. 우리가 예수님을 내 구주라고 진짜로 믿고 내 죄를 고백하고 회개하면 우리는 죄 사함을 받습니다. 그리고 죄 사함을 받으면 성령을 선물로 받습니다. 그러면 우리 안에 오신 성령이 우리를 거듭나게 하심으로 우리는 천국에 들어갈 수 있게 되는 것입니다.

주님에게 돌아가자

요한복음 13장을 보면 예수님은 이제 세상을 떠나 아버지께로 돌아갈 때가 왔다는 것을 아셨습니다. 그래서 예수님은 제자들과 마지막으로 저녁 식사를 하십니다. 이 최후의 만찬 때 예수님은 제자들의 발을 직접 씻겨주시며 이것을 통해 제자들에게 앞으로 성령의 사역을 가르쳐주고자 하셨습니다.

먼저 1절을 보면 예수님은 우리를 끝까지 책임져주시는 분임을 알 수 있습니다. 이 말씀은 제게 큰 위안이 되었습니다.

예수님께서는 세상에 있는 자기의 사람들을 사랑하시되 끝까지 사랑하셨습니다. 요 13:1, 쉬운성경

여기서 '자기의 사람들'이란 거듭난 하나님의 자녀들을 가리킵니다. 예수님은 우리가 세상에서 죄를 짓는다고 우리를 버리거나 포기하시는 분이 아니십니다. 예수님은 우리가 어떤 죄에 빠지더라도 우리를 끝까지 사랑하십니다. 그래서 예수님은 자기의 자녀들이 어떤 죄를 짓더라도 성령님을 통해 끝까지 회개시키십니다. 만약 회개하지 않으면 징계를 하시고 회초리를 드셔서라도 회개를 시키십니다.

죄를 지으면 우리는 하나님과 점점 멀어집니다. 그래서 하나님은 우리가 죄지으면서 살기를 원하지 않으십니다. 하나님 곁

을 멀리 떠나 이 힘든 인생을 하나님의 도움 없이 내 힘으로 살아 보려고 하니 인생이 너무나 고달픕니다. 하나님의 창조 목적에 온전히 맞게 살지 못하니 주님이 주시려고 했던 그 많은 축복을 받지 못하고 살아가게 됩니다. 주님이 주시는 평안도 누리지 못하고 근심과 걱정 속에서 살아갑니다. 내 맘대로 죄를 지으며 살겠다고 하다가 온갖 고생을 하게 되는 것입니다.

마귀는 오늘도 우리를 속입니다. 은밀한 죄의 짜릿함을 가지고 죄를 짓게 하려고 합니다. 이것에 속아 죄를 지으면 우리는 하나님과 또 멀어집니다. 마귀는 우리를 하나님의 품에서 나오게 하려는 것입니다. 그때 마귀는 우리의 주인 노릇을 할 기회를 엿봅니다. 하지만 우리가 회개하고 주님에게 돌아오면 주님의 보혈로 우리의 죄를 덮어주십니다. 다 용서해주십니다. 죄는 주님을 떠나는 것이고 회개는 주님에게 돌아오는 것입니다. 이제 주님에게 돌아오십시오.

초등학생 아이가 인생을 내 맘대로 살겠다고 집을 나갔습니다. 이 아이는 정말 자기가 생각하는 것처럼 행복하게 살 수 있을까요? 부모는 눈물로 이 아이를 찾아다닙니다. 이 아이가 얼마나 인생을 고되게 살지 부모는 압니다. 그래서 마음이 찢어집니다. 부모는 자녀를 너무나 사랑하기에 집 밖에서 고통받고 있는 자녀가 회개하고 집에 들어오기만을 기다립니다.

이것이 바로 주님이 우리를 회개하게 하시는 마음입니다. 죄

를 지었다면 빨리 회개하고 용서를 받으라는 것입니다. 다 용
서해줄 테니 회개만 하라고 하십니다. 그래서 성령님이 우리의
양심을 통해서 우리를 찌르시고 우리가 회개하게 하십니다. 집
나간 자녀는 집에만 들어오면 모든 것이 다 해결됩니다. 다 회
복이 됩니다.

아버지는 우리를 포기하지 않으신다

성경에도 똑같은 비유가 있습니다. 바로 탕자 이야기입니다.
탕자는 내 맘대로 살겠다고 아버지에게 자기가 받을 상속재산
을 미리 달라고 해서 그 돈을 받아서 아버지의 집을 나갑니다.
그리고 그 돈을 가지고 아버지 곁을 멀리 떠나 방탕하게 생활
합니다. 그래서 탕자는 행복했습니까? 아닙니다. 탕자는 불행
해졌습니다. 탕자는 자기 모든 재산을 탕진했습니다. 탕자는
너무나 배가 고픈데 먹을 것이 없어서 돼지가 먹는 쥐엄나무 열
매를 먹어야 했습니다. 배를 채우고 싶은 마음이 간절했지만,
음식을 주는 사람이 없었습니다. 탕자는 그제야 제정신이 들었
습니다. 탕자는 아버지께로 돌아가겠다는 결심을 합니다. 그
리고 아버지를 만나면 이렇게 말하기로 결심합니다.

"아버지, 저는 하나님과 아버지 앞에 죄를 지었습니다. 저는
더 이상 아버지의 아들이라고 불릴 자격이 없습니다. 저를 아버

지 집에서 일하는 사람 중에 하나로 삼아주십시오."

탕자는 일어나서 아버지께로 갑니다. 탕자를 먼 거리에서 본 아버지는 아들을 불쌍히 여겨 달려옵니다. 그리고 아들의 목을 껴안고 입을 맞춥니다. 아들은 아버지에게 준비해온 대로 말을 합니다. 그러나 아버지는 종들에게 이렇게 말합니다.

서둘러 가장 좋은 옷을 가져와서 아들에게 입혀라. 또 손가락에 반지를 끼워 주고 발에 신발을 신겨라. 그리고 살진 송아지를 끌고 와서 잡아라. 우리가 함께 먹고 즐기자. 내 아들이 죽었다가 다시 살아났고, 잃어버렸다가 다시 찾았다. 눅 15:22-24. 쉬운성경

아버지와 아들은 함께 즐거워합니다.

예수님은 탕자의 비유를 통해서 주님의 마음을 알려주셨습니다. 맞습니다. 주님이 우리에게 회개하라고 하시는 것은 우리를 위한 것입니다. 죄짓지 말아야 행복하게 살 수 있습니다. 죄를 지었다면 성령님께 모든 것을 맡기고 의지하십시오. 그리고 성령님께 도움을 받아 회개하십시오. 주님은 자신의 자녀를 절대 포기하지 않으십니다.

09

말씀을 읽어야 산다

✳

역사상 전 세계 최고의 베스트셀러 1위는 어떤 책일까요? 맞습니다. 바로 성경입니다. 크리스천이라면 집에 성경책 한두 권씩은 가지고 있을 겁니다.

현재 대한민국에서는 누구나 마음만 먹으면 성경을 쉽게 구해서 읽을 수 있습니다. 그런데 혹시 이 성경책을 읽기 위해 수없이 많은 사람이 고문을 당하고 순교를 당했다는 사실을 알고 있나요?

성경을 위해 박해를 견디다

로마의 네로 황제에 의해서 기독교인에 대한 첫 번째 박해가 시작됩니다. 기독교인들은 로마 화재 사건의 방화범으로 몰려 희생양이 됩니다. 많은 기독교인에게 기름을 붓고 불을 붙여서 네로 황제의 정원이나 여러 장소의 밤을 밝히는 가로등처럼 사용했습니다. 그리고 사도 바울은 목이 베이고 베드로는 십자가에 거꾸로 매달려 순교합니다.

그 후 250년 동안 계속된 핍박과 고난 속에서 많은 기독교인이 순교하였습니다. 특히 로마의 디오클레티아누스 황제는 기독교를 완전히 없애버리기 위해 로마제국에 있는 모든 성경을 불태우려 했습니다. 황제는 성경을 없애면 로마제국에서 기독교를 사라지게 할 수 있다는 것을 간파했던 것입니다. 목숨을 건지기 위해 성경을 내놓고 배신한 사람들도 있었지만 많은 기독교인은 자신의 목숨과 성경을 바꾸었습니다. 순교하더라도 성경을 내놓지 않은 것입니다.

몇 년 후 즉위한 콘스탄티누스 황제는 313년에 '밀라노 칙령'을 통해 기독교를 합법적인 종교로 선포합니다. 기독교인들에게 이제부터 자유롭게 자신의 종교를 믿어도 된다는 좋은 소식이 들렸습니다. 밀라노 칙령이 발표되면서 교회는 그동안 몰수당했던 재산을 되찾았고 기독교인들은 빼앗겼던 시민권을 되찾았습니다.

그 후 교회는 콘스탄티누스 황제의 호의 아래서 세력이 점점 커지게 됩니다. 성직자들은 새로운 사회적 신분과 여러 특권을 황제에게 받습니다. 콘스탄티누스 황제는 교회를 후원하면서부터 교회 여러 문제에 최고 권위를 가진 자로 자처하며 직접 관여합니다. 그리고 출세를 위해 기독교로 개종하는 사람들이 점차 많아집니다. 많은 가짜 기독교인들이 생겨났고, 불순한 동기로 성직자 세계에 들어오는 사람들이 생겨났습니다. 순교를 각오한 신자들만이 들어올 수 있었던 교회가 세속적인 교회로 변질해갑니다.

"불로 시험을 받던 교회가 이제는 호의로 시험을 받았다" (롤란드 베인턴, 1894-1984).

기독교가 공인되기 전의 초대교회는 세상과 계속 구별되어 있었습니다. 신자들은 순교를 각오하고 있었습니다. 하지만 공인 이후 초기 기독교인들의 순결하고 거룩한 신앙은 희미해지고 교회는 세속화되고 권력화되기 시작했습니다. 그리고 교회의 부패와 타락이 시작됩니다.

말씀을 들을 수 없었던 시대

중세는 라틴어 성경의 독무대였습니다. 초기 성경은 히브리어와 헬라어(그리스어)로 기록되었지만 시간이 지나면서 라틴어 성경만 사용되었습니다. 하지만 5세기 서로마제국 멸망 이후 라틴어는 서서히 죽은 언어가 되어갔기 때문에 일반 시민에게는 '외계어'와 같았습니다. 학자들만이 이해할 수 있는 언어였지요.

그런데도 중세 교회는 오직 라틴어 성경만을 인정했습니다. 일반 시민들은 교회에 가도 설교를 알아들을 수 없었습니다. 교회에서는 일반 시민들이 알아들을 수 없는 라틴어로만 설교했기 때문입니다. 중세를 신앙의 암흑기로 부르는 가장 큰 이유 중 하나가 교인들이 성경을 읽을 수 없게 된 것이었습니다.

중세 교회는 교인들에게 성경 읽기를 금지시켰고, 라틴어가 아닌 언어로 성경을 번역하는 것을 금지했습니다. 이것을 어기면 반역으로 여겼습니다. 게다가 성경을 소유하는 것조차도 죄가 되는 세상이었습니다. 성경을 읽고 해석하는 것은 오직 사제만이 할 수 있었습니다. 중세 교회는 일상 언어로 된 성경을 소유하거나 배부한 사람들을 죽였습니다. 발각된 많은 사람이 기둥에 묶여 불태워지거나 꼬챙이에 꽂힌 채 화형당했습니다. 일상적인 언어로 된 성경도 불태워졌습니다.

성경책이 보급되기 시작하다

종교개혁(宗敎改革, Protestant Reformation)은 1517년 마르틴 루터에 의해 시작되었습니다. 루터는 로마서를 정독하다가 두려움을 던져버릴 구절을 찾았습니다.

내가 복음을 부끄러워하지 아니하노니 이 복음은 모든 믿는 자에게 구원을 주시는 하나님의 능력이 됨이라 먼저는 유대인에 게요 그리고 헬라인에게로다 복음에는 하나님의 의가 나타나서 믿음으로 믿음에 이르게 하나니 기록된 바 오직 의인은 믿음으 로 말미암아 살리라 함과 같으니라 **롬** 1:16,17

루터는 성경을 보면 볼수록 교회가 잘못된 길로 가고 있다 는 확신이 들었습니다. 그동안 성경을 떠난 교회의 잘못된 사 항을 낱낱이 적었습니다. 1517년 10월 31일, 마르틴 루터는 비텐베르크 대학교의 교회 정문에 95개조 반박문을 붙였습니 다. 그는 이 사건으로 인해 세계의 역사가 뒤바뀔 줄은 꿈에도 몰랐을 것입니다.

마르틴 루터가 외쳤던 '솔라 스크립투라, 솔라 그라티아, 솔 라 피데'(오직 성경, 오직 은혜, 오직 믿음)는 빠른 속도로 유럽 전 역으로 퍼져나갔습니다. 결국 그는 보름스 국회로 불려갑니 다. 국회가 시작되자 청문회에서 루터는 계속 주장을 철회하라 는 압박을 받습니다. 하지만 루터는 끝내 자신의 주장을 굽히 지 않습니다.

집으로 돌아오던 중 무장한 기마병들이 갑자기 나타나 루 터의 마차를 가로막습니다. 그들은 루터의 머리에 검은 두건을 씌우고 어디론가 끌고 갑니다. 바로 바르트부르크 요새였습니 다. 목숨이 위태로웠던 루터를 피신시키기 위한 프리드리히의

납치극이었습니다. 여기서 루터는 무려 1년 동안이나 갇히게 됩니다. 하지만 여기서 루터는 역사적인 작업을 합니다. 신약 성경을 독일어로 번역한 것입니다. 훗날 루터는 구약도 독일어로 번역을 하게 됩니다.

그 직전 시대만 해도 성서를 비롯한 책들은 필사본이라 수량이 적어서 가격이 매우 비싸고 구하기가 힘들었지만, 때마침 구텐베르크가 개발한 인쇄술이 발달하며 성경책 보급에 날개를 달아주었습니다. 루터가 번역한 독일어 성경도 인쇄술을 힘입어 널리 보급되었습니다. 루터는 "인쇄는 가장 고귀하고 소중한 은총의 선물이다"라고 말하며 기뻐했습니다. 잠자고 있던 중세 유럽인들의 신앙을 일깨웠기 때문입니다. 성경은 이렇게 해서 우리 손에 오게 되었습니다.

말씀을 보면 주님의 뜻이 보인다

우리 크리스천들은 하나님의 복을 받고 싶어 합니다. 어떻게 하면 하나님의 복을 받을 수 있을까요?

시편 119편을 보면 1절부터 176절까지로 내용이 아주 깁니다. 그런데 그 긴 내용을 한 줄로 요약하면 '하나님의 말씀대로 사는 자가 복이 있다'라는 것입니다. 1절은 이렇게 시작됩니다.

"행위가 온전하여 여호와의 율법을 따라 행하는 자들은 복이 있음이여."

여호와의 율법은 어디에 나와 있습니까? 바로 성경에 나와 있습니다. 하나님의 뜻이 성경에 모두 나와 있습니다. 성경을 읽어야 우리는 하나님의 말씀대로 살 수 있습니다. 성경을 보면 주님은 내가 고민하는 것들에 대해 어떻게 해야 할지를 알게 하십니다.

주님은 좋으신 분입니다. 주님은 우리가 주님의 계획을 알기를 원하십니다. 하지만 우리가 깨어 있지 않고 영적으로 둔감하여 성령께서 말씀해주셔도 듣지 못하고 넘어가는 일이 태반입니다. 그래서 결국 우리는 우리 생각대로, 욕심대로, 좋아 보이는 대로 결정합니다. 주님의 뜻대로 결정하지 않고 주님이 원하시는 길을 가지 않으니 인생이 고달픕니다. 오늘부터라도 말씀을 보고 주님의 뜻을 분명히 깨달아야 합니다.

말씀과 기도는 뗄 수 없는 관계

시편 기자는 새벽 일찍 일어나 말씀을 보며 주님께 부르짖어 기도했습니다.

내가 날이 밝기 전에 부르짖으며 주의 말씀을 바랐사오며 주의 말

시편 기자는 묵상한 말씀에 근거해서 그 말씀을 붙잡고 간절하게 기도합니다.

말씀과 기도는 떼려야 뗄 수 없는 관계입니다. 말씀을 사모하여 묵상하면 우리는 자연스럽게 말씀에 기대어 기도하게 됩니다. 말씀은 자연스럽게, 필연적으로 기도를 불러옵니다. 주님은 성경 말씀을 보며 부르짖어 기도하는 사람에게 반드시 응답해주십니다.

우리의 육체는 음식을 먹지 않으면 버티지 못합니다. 계속해서 음식을 먹지 않으면 결국 우리의 육체는 죽습니다. 그래서 우리는 식사 때면 음식을 먹습니다. 음식을 먹지 않으면 육체적으로 배고프다는 사인이 옵니다.

우리의 영도 마찬가집니다. 우리가 음식을 먹어야 살 수 있는 것처럼 말씀을 매일 읽지 않으면 우리의 영은 죽어갑니다. 어제 먹은 음식으로 오늘을 버틸 수 없는 것처럼 어제 읽은 말씀으로 오늘을 버틸 수 없습니다. 그래서 성경 말씀을 반드시 매일 읽어야 합니다. 매일매일 말씀을 먹어야 영적으로 하루를 버틸 수 있습니다.

저는 아침에 일어나면 양치하고 세수하고 정신을 차린 후 작은 방에 혼자 들어가 앉아서 성경 말씀을 읽습니다. 늦게 일어나면 출근을 늦게 하더라도 말씀을 보고 나갑니다. 그리고 밤에 자기 직전에 마지막으로 성경 말씀을 보고 잡니다.

저는 여러 가지 어려운 일을 겪으면서 이렇게 말씀을 보는 습관이 확실하게 생겼습니다. 이제 성경 말씀을 읽고 그대로 살려고 노력하는 것이 제가 살길이라는 것을 분명히 알았기 때문입니다. 성경 말씀대로 살아야 제가 행복할 수 있다는 것을 알았기 때문입니다.

우리는 주님의 자녀입니다. 주님의 자녀는 어쩔 수 없습니다. 주님이 주시는 양식을 먹고 살아야 평안하게 삽니다. 세상이 아무리 보기에는 좋아 보이고 즐거워 보여도 가짜가 많습니다. 저는 성경을 가까이하고 주님과 착 붙어서 지낼 때가 가장 행복합니다.

그러므로 믿음은 들음에서 나며 들음은 그리스도의 말씀으로
말미암았느니라 롬 10:17

우리가 성경 말씀을 읽고 성경 말씀을 설교자를 통해 들을 때 우리의 믿음이 생깁니다. 계속 보고 들으면 믿음이 자랍니다. 그리고 주님은 우리의 믿음대로 역사하십니다. 이것이 하나님의 법칙입니다.

10

크리스천 부모의 첫째 의무

＊

많은 부모가 착각하는 것이 있습니다. 자녀에게 좋은 음식 먹이고, 좋은 옷 입히고, 학원 보내서 공부시키면 부모의 의무를 다했다고 생각하는 것 같습니다. 천만에요! 크리스천 부모의 첫 번째 의무는 자녀를 위해 기도하는 것입니다.

기도로 하나님과 동역해야 한다

우리 자녀는 우연히 태어난 것이 아닙니다. 이 세상에 태어난 이유가 반드시 있습니다. 하나님께서 우리 자녀를 통해서 무엇인가를 이룰 계획이 있으신 것입니다. 그 계획이 이루어지기 위해서는 부모가 기도해야 합니다.

주님은 우리 자녀가 정말 잘되기를 바라십니다. 세상에서 우리 자녀가 생육하고 번성하며 세상의 빛과 소금의 역할을 잘 감당하기를 바라십니다. 그러기 위해서는 부모가 주님과 동역해야 합니다.

고린도전서 3장 9절을 보면 "우리는 하나님의 동역자들이요 너희는 하나님의 밭이요 하나님의 집"이라고 했습니다. 성경 말씀처럼 주님과 우리는 동역자입니다. 우리는 자녀의 육의 부모이고, 자녀의 영적인 부모는 주님이십니다. 자녀를 위해 부모는 매일 기도로 주님과 힘을 합쳐야 합니다.

성경에 나온 인물 중에 히스기야 왕은 엄청난 기도의 응답을 받은 대표적인 인물입니다.

앗수르 산헤립 왕이 대군을 이끌고 이스라엘에 쳐들어왔습니다. 이 소식을 들은 히스기야 왕은 이사야 선지자에게 신하를 보내어 중보기도를 요청합니다. 그리고 자신은 굵은 베옷을 입고 성전에 들어가 엎드려 간절히 기도합니다.

하나님께서 이 기도를 들으셨습니다. 그 밤에 여호와의 천사가 나와 앗수르 군사 18만 5천 명을 칩니다. 날이 밝고 보니 그렇게 많던 적군들은 모두 송장이 되어 있었습니다.

훗날 히스기야 왕이 병들어 죽게 되었을 때도 이사야 선지자가 찾아와 하나님의 말씀을 전합니다.

"너는 이제 죽을 것이다. 그러니 네 집안을 정리하여라. 너는 회복되지 않을 것이다."

이때 히스기야는 또 기도합니다. 벽을 보고 통곡하며 기도합니다. 그때 하나님께서 이 간절한 기도를 들으셨습니다. 하나님은 히스기야 왕의 수명을 15년이나 연장해주셨습니다.

자녀를 위해 눈물로 기도해야 하는 이유

자신이 다스리던 나라와 자신의 목숨을 위해서 간절히 눈물을 흘리며 기도했던 히스기야 왕, 하나님의 엄청난 기적을 경험한 히스기야 왕, 하지만 정작 자신의 자녀를 위해서는 간절히 기도하지 않았던 것 같습니다.

바벨론 왕이 히스기야가 병들었다 나았다는 소식을 듣고 병문안을 위해 사신을 보낸 적이 있었습니다. 그때 히스기야는 자신의 보물창고를 바벨론 사신들에게 보여주며 갖고 있는 모든 보물을 자랑하는 실수를 저지릅니다.

그때 이사야 선지자가 히스기야를 찾아와 하나님의 말씀을 전합니다. 이제 모든 보물을 바벨론에게 빼앗길 것이고 히스기야의 아들은 바벨론에 끌려가 바벨론 왕궁의 환관이 될 것이라고 합니다.

그런데 이 말씀을 들은 히스기야의 반응이 충격적입니다. 그 일이 자신이 죽고 난 후에 일어난다는 것을 알고 별로 걱정하지 않습니다. 자신이 사는 날까지는 이스라엘이 태평성대라는 것을 알고 여호와의 말씀이 선하시다고 말합니다. 그리고 자녀를 위해 간절히 기도하지 않습니다.

나만 잘살면 된다고 생각했던 히스기야, 자녀교육에 실패한 히스기야! 그 아들은 어떻게 되었을까요? 히스기야가 병이 낫고 3년 후(약 42세)에 낳은 아들 므낫세는 철저한 우상 숭배자가 됩니다. 12세에 왕이 되어 55년 동안 왕으로 있던 므낫세는 하나님 보시기에 악을 행하였습니다. 바알을 숭배했고 아세라 목상을 만들어 성전 안에 세웠습니다.

성전 마당에는 해와 달과 별들을 위한 단을 쌓고 자기 아들을 불태워 몰렉 우상에게 희생제물로 바쳤습니다. 그는 자신만 우상숭배를 한 것이 아니라 이스라엘 백성들도 우상을 숭배하도록 합니다. 결국 그는 하나님의 징벌을 받아 앗수르의 침공을 받고 쇠사슬에 묶여 포로가 되어 바벨론으로 끌려갑니다. 거기서 큰 고통을 당하고 나서야 비로소 회개합니다.

므낫세는 하나님께 간절히 기도합니다. 하나님께서 그의 기도를 들으셔서 다시 예루살렘으로 돌려보내 왕위를 회복시키십니다. 그제야 므낫세는 여호와께서 하나님이신 줄을 알았고 모든 우상을 없애버립니다. 하지만 므낫세의 아들 아몬은 다시 우상숭배를 하며 하나님께 등을 돌립니다. 아몬은 아버지 므낫세처럼 회개하지 않고 하나님 앞에서 더욱더 범죄합니다. 결국 아몬은 왕궁에서 신하에게 살해를 당합니다. 므낫세의 회개는 그의 자녀를 바로잡기에는 너무 늦었던 것 같습니다.

이 책을 보면서 바로 기도를 시작하세요. 자녀를 위해 기도하기 시작하세요. 제가 장담하는데 우리가 겪는 문제의 판세가 바뀔 것입니다. 계속 기도하세요. 반드시 승리할 것입니다. 그리고 이제부터는 절대로 잊지 마세요. 기도는 우리의 가장 강력한 무기입니다. 기도하지 않는 것이 우리의 가장 큰 문제입니다. 기도하면 이 모든 판세를 엎으실 분이 주님밖에 없다는 사실을 깨닫게 됩니다.

이제 포스트잇에 기도의 키워드를 써서 책상에, 거울에, 부엌에, 현관에, 항상 볼 수 있는 곳에 붙여두고 기도합시다. 기도는 상상할 수 없을 정도로 강력한 힘이 있습니다. 우리가 진심으로 기도하는 순간 하나님의 역사가 일어납니다.

기도하는 사람은 승리한다

매 순간 기도해야 합니다. 자녀가 공부할 때 기도해야 하고, 자녀는 기도하면서 공부해야 합니다. 꿈을 위해서 기도하면 꿈이 이루어집니다. 공부에 열정이 없다면 열정을 달라고 기도하세요. 반드시 열정이 생기게 됩니다. 어떤 대학, 어떤 학과를 가야 하는지 모른다면 알게 해달라고 기도하세요. 반드시 알게 될 것입니다.

지혜가 부족하면 지혜를 달라고 하나님께 기도하세요. 반드시 지혜를 주십니다. 집중력이 부족하다면 집중하게 해달라고 기도하세요. 놀라운 집중력이 생기게 됩니다. 시험시간에 실수를 많이 한다면 실수를 하지 않게 해달라고 기도하세요. 이제 실수가 없어집니다. 공부에 방해되는 게임이나 기타 유해한 것에 유혹받고 있다면 단호하게 끊게 해달라고 기도하세요. 이제 유혹에 넘어가지 않게 됩니다.

마귀는 열심히 공부하지 못하도록, 목표가 없도록, 기도하지 못하도록 끊임없이 공격합니다. 왜냐하면 마귀는 세계 곳곳에서 우리 자녀가 주님께 영광을 돌리는 사람이 되는 것을 고통스러워하기 때문입니다. 그래서 여러 가지 방해전략을 세웁니다. 게으르게 만들고, 게임에 집착하게 만들고, 틈만 나면 스마트폰으로 여러 가지 동영상을 보게 만들고, 야동을 보게 하면서 정신세계를 파괴하고, 공부하기 싫다는 생각을 머릿속에 끊임없이 주입합니다. 학생 때부터 안 좋은 코드를 미리 심어놓는 것입니다.

자녀가 그런 유혹에 휘둘린다면 "예수님의 이름으로 나쁜 생각은 물러가라!"라고 단호하게 외쳐야 합니다. 마음에 품으면 안 되는 생각이 들어올 때, "사탄아 네가 주는 생각을 단호히 거절한다"라고 외쳐야 합니다. "너는 나와 상관이 없다. 예수님의 이름으로 너를 대적한다 물러가라!" 이렇게 대적 기도를 해야 합니다.

기도는 엄청난 힘이 있습니다. 기도하는 사람은 반드시 승리합니다. 이제 하루에 적어도 30분은 꼭 기도하세요. 아침에 10분, 점심에 10분, 저녁에 10분씩 말씀 보고 기도하는 훈련을 시작하세요. 기도의 핵심은 두 가지입니다. 겸손하게 그리고 끈질기게!

아직 믿음이 깊지 않기 때문에 스스로 기도하지 않는 자녀들이 많습니다. 그래서 부모가 기도하며 기다려야 합니다. 자녀를 정말 잘 키우고 싶으십니까? 이제 매일 시간을 정해서 눈물로 기도해야 합니다. 하나님은 우리가 드린 눈물의 기도를 반드시 기억해주십니다.

자녀가 능력의 삶을 살기를 원하십니까? 오늘부터라도 자녀를 위한 기도 노트를 만들어 기도하십시오. 기도가 능력이 있는 것은 기도하는 사람에게 능력이 있는 것이 아니라 기도를 들으시는 주님에게 능력이 있기 때문입니다.

11

영적 전쟁에서 자녀를 지키는 기도

✳

혹시 기도하다가 이런 생각을 해본 적 있습니까?

'나는 기도하는데 왜 기도가 안 이루어질까?'

저에게도 3년째 기도하고 있는 기도 제목이 있습니다. 3년이나 기도했는데, 왜 이렇게 오랫동안 이루어지지 않을까요? 제가 경험해보니 이유가 있었습니다. 우리의 대적인 마귀가 방해하기 때문입니다. 우리의 대적인 마귀의 힘이 세기 때문입니다.

물론 하나님의 뜻에 합당하지 않은 기도 제목인 경우에는 들어주지 않으시는 것이 하나님의 응답일 것입니다. 그러나 우리가 하나님의 뜻에 맞는 기도를 할 때에도 우리의 대적 마귀는 우리가 기도 응답을 받지 못하도록 최선을 다해 방해합니다.

그래서 우리는 자신을 위해, 가족을 위해, 특히 자녀를 위해 매일 대적 기도를 해야 합니다. 예수님과 예수님의 보혈을 의지하여 대적 기도하면 마귀가 떠나갑니다. 마귀가 제일 무서워하는 것이 바로 예수님의 보혈입니다. 하나님은 우리가 대적 기도 하는 것을 좋아하십니다. 저는 기도할 때 가장 먼저 이렇게 기도를 합니다.

"하나님, 제게 마귀 쫓는 권세를 주시옵소서."

그리고 매일 대적 기도를 합니다. 우리는 매일 먼지를 털어내 듯이 대적 기도를 통해 매일 우리를 공격하는 마귀의 공격을 털어내야 합니다. 또한 대적 기도는 단호하게 꾸짖으며 해야 합니다. '내게서 제발 좀 떠나줄래?' 이렇게 부탁하듯이 부드럽게 말하면 마귀들이 우리를 우습게 봅니다.

조직적인 마귀의 공격에 조직적으로 대적하라

마귀는 우리의 기도가 이뤄지지 않도록 조직적으로 방해하고 있습니다. 그러니 이것을 뚫고 가려면 우리도 팀을 꾸려야 합니다. 구역이든 셀이든 동역자들이 함께 모이는 그룹에 속해야 합니다. 그리고 동역자에게 기도 제목을 나누고 기도를 요청해야 합니다. 그러면 뚫을 수 있습니다.

성경에서 이것을 정확하게 보여주는 장면이 있습니다. 출애 굽기 17장에 이스라엘과 아말렉이 전쟁하는 장면이 나옵니다. 이스라엘과 아말렉이 싸우는 동안 모세는 산 위에서 손을 들고 기도하고 있었습니다. 여호수아는 산 아래에서 칼을 들고 아말렉과 싸우고 있었지요. 모세가 손을 들면 이스라엘이 이기고, 팔이 아파서 손을 내리면 아말렉이 이겼습니다. 모세가 혼자서 팔을 들고 있기 너무 힘들어지자 아론과 훌이 양쪽에서 모세의 팔을 붙들고 팔이 내려오지 않도록 도와줍니다. 결국 여호수아는 아말렉과의 전쟁에서 승리할 수 있었습니다.

공부와 영적 전쟁

제가 학생들을 가르쳐보니 공부한다고 하는데도 성적이 안 나오는 이유가 있습니다. 공부도 영적 전쟁입니다. 많은 학생들이 자신이 공격당하고 있는지도 모른 채 일방적으로 영적 공격을 당하고 있습니다.

마귀가 크리스천 학생들이 공부 잘하기를 바랄까요? 절대 그렇지 않습니다. 공부를 잘하면 나중에 영향력이 있는 위치로 가게 될 가능성이 큰데 마귀는 자기 입장에서 원수인 하나님의 자녀가 영향력 있는 인물이 되어 자기 일을 방해하는 것을 절대 원하지 않기 때문에 애초에 싹을 자르려고 합니다.

마귀들은 학생들의 정신세계를 공격합니다. 여러 매체를 통해 학생들의 머리에 온갖 잡스러운 것을 집어넣어서 집중력을 공격합니다. 눈 뜨고 한 시간 동안 책을 보면 뭐 합니까? 집중하는 시간이 짧은데 말입니다. 학생들에게 설문조사를 해보았더니, 한 시간 공부하면 평균적으로 30분밖에 집중을 못 한다고 합니다. 공부하는 시간의 딱 절반밖에 집중을 못 하는 것입니다. 절반은 다른 생각에 빠져 있습니다. 그러니까 네 시간을 공부하면 실은 두 시간밖에 공부를 안 하는 것입니다. 그렇기 때문에 자녀가 학교에서 공부할 때 엄마, 아빠가 기도해야 합니다.

"우리 아이가 지금 학교에서 공부하고 있는데, 집중하게 해주시고 인내력을 주시고 학교에서 배우는 모든 것이 잘 이해되고 오랫동안 기억할 수 있도록 해주세요."

이 기도가 반드시 필요합니다. 모세의 손이 올라가면 여호수아가 이기고 모세의 손이 내려가면 여호수아가 적에게 밀리는 것처럼 부모가 기도로 자녀를 도우면 학교에 있는 자녀가 영적 전쟁에서 승리합니다. 확실하게 승리하기 위해서 더 많은 중보자가 있으면 좋습니다. 이 영적인 전쟁에서 이기고 지는 것에 있어서 중보기도자의 역할이 너무나 중요합니다.

이 책 뒤에 '공부하기 전에 하는 기도문'과 '자녀를 위한 기도문'을 첨부해두었습니다. 그 기도문을 보면서 상황에 맞게 기도하는 데 참고하길 바랍니다. 공부하기 전에 기도하는 것이 굉장히 중요합니다. 자녀들에게 꼭 공부하기 전에 먼저 하나님께 기도할 수 있도록 지도하고 가르쳐주어야 합니다. 아이들의 머릿속을 가득 채우고 있는 혼잡하고 잡스러운 것들을 깨끗하게 정리해야 공부하는 지식이 들어갈 수 있습니다.

그리고 자녀가 기도할 때, 꿈을 향해 정진해야 할 때 부모들이 대적 기도로 자녀를 지원 사격해야 합니다. 영적 전쟁 한가운데서 홀로 싸우게 하지 마십시오. 모세가 칼을 들고 싸웠던 여호수아를 기도로 도왔던 것처럼, 부모가 기도로 자녀를 도와주어야 합니다.

치열하게 기도하라

마귀는 아주 치밀하게 전략을 세웁니다. 그런데도 적당한 말과 노력으로 문제를 해결하려고 할 때 마귀는 우리를 비웃을 것입니다. 방어가 되지 않기 때문입니다.

우리 인생은 전쟁입니다. 전쟁에는 대충, 양보라는 것이 없습니다. 전쟁 중에 우리가 밀리기 시작하면 적은 "그래. 우리 이젠 그만하자"라며 돌아가지 않습니다. 우리의 전 재산을 빼앗고 남자들을 죽이고 부녀자를 강간하며 마을을 모조리 불태웁니다. 그게 바로 전쟁입니다. 우리는 안 좋은 일이 생기면 하나님을 원망하거나 아니면 자신 또는 다른 사람을 탓합니다. 그러면서도 절대 마귀의 계획이라고 생각하지 못합니다. 그 이유는 마귀는 그만큼 교묘하게 전략을 펼치기 때문이다. 자신은 노출되지 않게 치밀한 계획을 세웠기 때문입니다. 엉뚱한 적과 싸우고 있으니 문제가 해결되지 않는 것입니다.

우리가 하는 전쟁은 영적 전쟁입니다. 영적 전쟁에서 육신의 무기들은 별로 힘을 발휘하지 못합니다. 기도가 우리의 갑옷을 활성화시킵니다. 마귀들이 우리 가족, 사업, 건강, 공부를 망치기 위해 끊임없이 회의하고 쉬지도 않고 열심히 일한다는 사실을 깨닫게 된다면, 지금껏 하루에 10초짜리 식사기도 몇 번과 자기 전에 30초짜리 기도를 하면서 살아왔기 때문에 그렇게 힘든 인생을 살아왔다는 사실을 알게 될 겁니다. 적들은 그렇게 열심히 싸우는데 우리는 무기도 없이 무방비 상태로 무참히 깨지고 있는 것입니다.

더 뼈아픈 것은 우리가 적의 실체도 잘 모른다는 것입니다. 우리는 동료, 가족, 경쟁자들이 우리의 적이라고 생각합니다. 이제 커튼 뒤에 숨어 있는 실제의 적을 찾기 위해 커튼을 젖힐 수 있도록 기도해야 합니다. 마귀는 커튼 뒤에서 자신을 숨긴 채 엉뚱한 사람과 싸우고 있는 우리를 비웃고 있습니다. 이제 우리의 영안이 열리도록 기도합시다. 우리가 기도를 시작하면 우리는 실제 적의 정체를 알 수 있습니다. 그들은 지금 이 순간에도 우리를 속이고 있습니다

예수님은 우리에게 "쉬지 말고 기도하라"(살전 5:17)라고 말씀하셨습니다. 말씀 그대로입니다. 우리는 쉬지 말고 기도해야 합니다. 걸어가면서도, 밥을 먹으면서도, 회의 중에도, 운전 중

에도, 공부 중에도 마음속으로 기도하고 있어야 합니다. 그래야 인생을 살아낼 수 있습니다.

충분히, 기도하라

하나님께 응답을 약속해주셨음에도 불구하고 아직 제 기도가 응답받지 못한 또 다른 이유는, 제 기도의 분량이 다 차지 않았기 때문입니다. 요한계시록 5장 8절을 보면 우리의 기도가 향이 되어 향로에 담긴다고 나와 있습니다. 우리는 향로에 향이 가득 찰 때까지 기도해야 합니다. 이것을 모르고 향로가 중간쯤 채워졌을 때 기도를 포기하는 사람들이 있습니다. 그러고 이렇게 말합니다.

'하나님은 왜 내 기도를 안 들어주시는 걸까? 하나님이 살아계신 것이 맞아?'

참으로 안타까운 일이 아닐 수 없습니다.

제가 중요한 기도 제목을 가지고 3년째 기도하고 있다고 말씀드렸는데, 중보기도팀과 함께 기도한 지 1년쯤 지나서 기도 응답이 너무 더디고 힘드니까 "주님, 언제까지 기도를 계속해야 합니까?"라는 기도를 했습니다. 그러자 하나님께서는 '더 기도하라. 나는 기도를 더 받아야 하겠다'라는 마음을 주셨습니다. 2년이 지나서도 기도 응답이 이루어지지 않자 중보기도

팀에서 다시 "주님 언제까지 기도를 계속 해야 합니까?"라고 기도했습니다. 그러자 하나님께서 이런 응답을 주셨습니다.

'나는 기도를 많이 받아서 아주 좋은데 너희들은 도대체 왜 그러니…?'

그렇게 계속 기도하던 중에 얼마 전에 하나님께서 그 기도의 응답을 약간 해주셨습니다. 그래서 저는 중보기도팀과 함께 기도 응답을 받기 위해 오늘도 열심히 기도의 향로가 다 차기를 기대하며 기도하고 있습니다.

기도할 때 집중하라

기도가 향이 되어 하늘로 올라갈 때 마귀가 이 기도를 낚아채지는 못합니다. 하지만 이 기도가 하나님께 올라가지 못하도록 방해할 수는 있습니다. 마귀는 우리가 기도에 집중하지 못하도록 다른 잡생각을 하게 해서 우리의 기도를 오염시킵니다. 그래서 기도할 때는 집중해서 기도해야 합니다. 기도의 끈을 놓치지 말아야 합니다.

마귀는 우리가 기도하는 것을 두려워합니다. 그래서 우리가 기도하기 시작하면 방해하기 위해 잡생각을 우리 머릿속에 넣으며 부단히 노력하는 것입니다.

끈질기게, 꾸준히 기도하라

주님께 기대가 있는 사람이 기도합니다. 하나님은 기도하는 자에게 상을 주십니다. 조용한 체념을 하는 사람은 하나님의 복을 받지 못합니다.

우리는 지금 전쟁 중이지만 두려워하지 않아도 됩니다. 왜냐하면 이미 승자가 결정된 싸움이기 때문입니다. 그런데도 지는 싸움을 하는 사람들이 있다는 것은 정말 안타까운 일입니다.

혹시 지금 아주 평온한 일상을 보내고 있습니까? 그렇다고 하더라도 적이 살아 있다는 사실을 잊지 마세요. 그러니 정신을 바짝 차리고 기도하십시오. 쉬지 말고! 예수님의 이름으로!

기도는 엄청난 힘이 있습니다. 하루 3시간 공부하는 것보다 2시간 30분 집중해서 공부하고 30분 기도하는 것이 결과가 훨씬 더 좋을 수밖에 없습니다. 세상의 모든 지식을 만드신 하나님께서 우리를 돕기 때문입니다.

기도하는 사람은 반드시 승리합니다. 기도하는 사람은 행복합니다. 하나님께서 즉시 일을 시작하시기 때문입니다. 우리가 기도해야 하나님께서 일하실 수 있습니다.

12

자녀를 위한 중보기도의 중요성

✳

우리 자녀들은 하루 종일 힘든 싸움을 하고 있습니다. 공부도 힘들고, 친구 문제도 힘들고, 체력적으로도 힘든데 많은 유혹 때문에 더 힘이 듭니다. 특히 스마트폰으로 인해 많은 유혹에 노출되고 있습니다. 뿌리치고는 싶으나 아이들의 힘은 너무나 연약합니다.

그래서 부모님들은 자녀를 위해 중보기도해야 합니다. 자녀가 학교에서 공부하고 있을 때 기도해줘야 합니다. 우리 자녀를 위해 누가 기도하겠습니까? 자녀 본인도 하지 않고 부모님도 하지 않으면 도대체 누가 그 자녀를 위해 기도합니까?

자녀를 지켜주는 중보기도

자녀들은 무방비 상태로 세상의 수많은 유혹에 노출되고 있습니다. 마귀가 공격하면 바로 당할 수밖에 없습니다. 무기 없이 전쟁터에 서 있는 것입니다. 그렇게 오랫동안 당해왔습니다. 이제 자녀를 부모님들이 지켜줘야 합니다. 바로 지금 이 시간 자녀를 위해서 중보기도해야 합니다. 공부의 가장 큰 적은 기도하지 않는 것입니다. 기도를 포기하거나 기도하기를 거부한다면 전쟁터에서 최고의 무기를 포기하는 것과 같습니다.

야고보서 4장 2절은 "너희가 얻지 못함은 구하지 아니하기 때문이요"라고 말하고 있습니다. 우리가 기도하기만을 하루 종일 기다리며 대기하고 있는 천군 천사가 있다는 사실을 알고 계십니까?

천사들이 손으로 여러분을 붙들어 주시고, 발이 돌부리에 부딪히지 않도록 해 주실 것입니다. 시 91:12, 쉬운성경

우리는 자녀를 위해서 기도해야 합니다. 어른들도 하루를 살면서 멍하게 있는 시간이 많습니다. 그런 시간에 자녀를 위한 중보기도를 하면 자녀의 인생이 달라집니다.

그리고 기도를 잊지 않고 하려면 시간을 정해서 기도를 해야 합니다. 예를 들면 낮 12시 50분부터 1시까지는 자녀를 위한 기도를 하는 것입니다. 이제 핸드폰에 기도 알람을 맞춰놔야 합니다. 자녀를 위한 중보기도는 부부가 함께해야 합니다. 할

아버지, 할머니도 동참하면 더 좋습니다. 중보기도자는 많으면 많을수록 좋습니다. 마태복음 18장 20절에서 "두세 사람이 내 이름으로 모인 곳에는 나도 그들 중에 있느니라"라고 말씀하셨습니다.

중보기도자가 꼭 같은 공간에 있지 않아도 됩니다. 하지만 같은 시간에 기도하는 것은 아주 중요합니다.

강력한 중보기도의 힘

어른들은 세상이 얼마나 살기 힘든지 잘 압니다. 그래서 자녀를 위한 기도를 더 많이 해야 합니다. 중보기도로 서포트를 받은 학생과 그냥 공부하는 학생이 얼마나 다를까요? 3초만 생각해보세요.

저희 가정의 중보기도자셨던 할머니와 아버지가 같은 해에 넉 달 간격으로 돌아가셨습니다. 그리고 많은 것이 휘청거렸습니다. 그때 저는 태어나서 처음으로 그동안 제 뒤에 중보기도의 강력한 힘이 있었음을 깨달았습니다. 중보기도의 힘은 강력합니다. 학생들이 혼자서 힘든 싸움을 하도록 두지 맙시다. 이제 우리가 함께 싸워줘야 합니다.

저는 많은 중보기도자들과 함께 아침 7시에 각자의 집에서 한 시간 기도를 시작합니다. 중요한 결정을 앞두고 있으면 그

결정을 위해 아침에 중보기도팀과 합심하여 집중해서 기도합니다. 하루 한 시간 기도를 하면서 저는 기도가 얼마나 놀랍고 무서운지를 깨닫게 되었습니다. 서로의 기도 제목을 위해 중보기도하며 중보기도가 얼마나 강력한지를 절감하며 살고 있습니다.

주위의 믿음의 동역자들과 함께 하루 한 시간 기도를 각자의 집에서, 같은 시간에 시작해보기를 권합니다. 하나님을 대면하는 것으로 하루를 시작하면 얼마나 힘이 솟는지 모릅니다. 유대인들은 지금도 아침에 일어나면 발이 땅에 닿기 전에 침대에 앉아 기도로 하루를 시작한다고 합니다.

저는 인터넷 강의를 촬영하기 전에도 항상 화장실에 가서 문을 걸어 잠근 후 무릎 꿇고 기도합니다. 왜냐하면 제 지식과 경험만으로 강의하지 않고 성령께서 꼭 도와주시기를 원하기 때문입니다. 저는 이렇게 기도를 드립니다.

"성령님! 오늘 강의 촬영할 때 저와 함께해주세요. 성령님이 주시는 지혜와 감동으로 강의하게 하소서. 제 얼굴 표정과 눈빛과 입술에 성령님의 불이 임하게 하소서! 제가 전하는 내용을 성령께서 사용하셔서 듣는 사람의 골수를 쪼개고 들어가 이해가 되고 감동이 되게 하시고, 이 강의를 통해 하나님의 영광과 예수 그리스도의 복음과 사랑이 전해지게 하옵소서!"

가끔 촬영한 제 모습을 모니터로 보면서 '이게 누구야?' 싶을 정도로 낯선 느낌이 들 때가 있습니다. 제 실력보다 결과물이 좋았기 때문입니다.

중요한 방송 촬영을 할 때는 30명 이상의 분들에게 메신저로 중보기도를 요청합니다. 그러면 촬영할 때 많은 분의 기도가 느껴집니다. 그래서 조금도 떨리지 않습니다. 얼마 전 TV 강연 프로그램을 녹화할 때는 중보기도해주는 분들이 녹화장에 직접 오셔서 3시간 동안 방청석에 앉아 기도해주셨습니다. 제가 다니는 교회 담임목사님도 설교할 때 중보기도팀이 계속 기도한다고 합니다.

뿌린 대로 거둔다고 했습니다. 기도는 절대 바닥에 떨어지지 않습니다. 자녀를 위한 눈물의 기도가 있어야 합니다. 기도로 뿌린 씨는 반드시 싹이 나고 열매를 맺습니다.

혹시 심지 않고 거두려고 하십니까? 우리 자녀는 주님이 우리에게 맡기신 것입니다. 우리가 먼저 죽어 천국의 문에 들어가 모든 것을 잊더라도 우리가 올려드린 자녀를 위한 기도는 주님 손에 들려 있습니다. 주님은 약속을 지키시는 분입니다. 주님이 우리의 자녀를 지켜주십니다.

자녀가 공부할 때 부모는 기도하라

우리가 자녀를 위해 기도할 때 기억해야 할 것이 있습니다.

기도를 올바로 해야 한다는 것입니다. 그냥 "공부 잘하게 해주세요! 좋은 대학 가게 해주세요!" 정도로 끝내면 절대로 안 됩니다. 욕심으로만 구하면 응답을 받지 못하는 것입니다. 야고보서 4장 3절은 "구하여도 받지 못함은 정욕으로 쓰려고 잘못구하기 때문이라"라고 말하고 있습니다. 주님이 원하시는 기도를 해야 합니다.

'공부해서 남 주자'라는 어느 대학의 표어를 본 적이 있습니다. 왜 남을 줘야 합니까? 우리는 남에게 도움을 줄 때 만족감을 느끼고 우리가 의미가 있는 존재라는 것을 느끼곤 합니다. 왜냐하면 우리는 그렇게 지음을 받았기 때문입니다. 성경에서는 이웃을 사랑하라고 말씀하셨습니다. 그래서 기도할 때 "열심히 공부해서 남을 돕는 인생이 되게 해주세요! 목표한 대학에 가서 주님에게 영광 돌리는 삶을 살게 해주세요!"라고 기도해야 합니다.

많은 학생이 공부가 재미없다고 합니다. 공부를 왜 하는지를 모르겠다고 합니다. 이제 자녀들이 공부의 참맛을 알게 해달라고 기도해야 합니다. 이제 공부하는 이유를 명확하게 알게 되도록 기도해야 합니다.

그리고 유독 피곤해하는 학생들이 있습니다. 자녀가 피곤하지 않도록 부모가 기도해주어야 합니다.

오직 여호와를 앙망하는 자는 새 힘을 얻으리니 독수리가 날개
치며 올라감 같을 것이요 달음박질하여도 곤비하지 아니하겠고
걸어가도 피곤하지 아니하리로다 사 40:31

공부를 잘하려면 공부의 목적을 알고 공부에 집중하고 공부
를 즐기며 공부한 것이 오랫동안 기억나야 합니다. 우리 자녀
가 이렇게 될 수 있도록 기도해주세요. 우리가 기도하지 않으
면 주님이 일하실 수가 없습니다.

기도가 우리 자녀의 인생을 바꿉니다. 하루에 한 시간씩 반
드시 기도합시다. 우리 자녀가 공부하는 목적을 깨닫게 되어
멋진 꿈을 꾸고 열심히 노력하여 하나님의 영광을 위한 삶을
살게 되기를 주님의 이름으로 축복합니다.

13

세 가지 노트

✳

저에게는 세 권의 노트가 있습니다. 첫 번째는 기도 노트, 두 번째는 말씀 노트, 세 번째는 예배 노트입니다. 참고로 권해드리는 것은 노트는 평생 보관해야 하니 최대한 좋은 것, 비싼 것으로 마련하는 것을 추천해드립니다.

필기를 잘하는 학생이 공부도 잘한다

제가 강사다 보니 수많은 학생을 보았습니다. 수업할 때 보면 필기를 열심히 하는 학생들도 있고 그냥 듣기만 하는 학생들도 있는데, 어떤 학생들이 공부를 잘하는지 아십니까? 필기 잘하는 학생들이 공부를 잘합니다.

어떤 학생은 아무리 중요한 것을 가르쳐줘도 친구에게 연습장을 한 장 찢어달라고 해서 거기다 필기를 합니다. 또 어떤 학생은 아무 연습장에다 적습니다. 이것은 시간이 지나면 다 사라집니다. 아무리 가르쳐도 밑 빠진 독에 물 붓기입니다. 그러나 공부 잘하는 학생은 중요한 것을 따로 적는 자신만의 노트가 있습니다. 이런 학생은 수업시간에 선생님이 중요한 핵심을 가르쳐주면 순간 눈빛이 반짝 하면서 얼른 자신만의 노트를 꺼내 적습니다.

학부모 강연을 가보면 노트에 필기하는 부모님이 있습니다. 이런 분들은 강연에서 좋은 것을 배워도 금방 다 잊어버린다는 것을 알고 있는 것입니다. 이렇게 필기하는 습관을 가진 부모의 자녀는 자연스럽게 부모의 영향을 받게 됩니다.

사람은 들을 때는 다 아는 것 같아도 돌아서면 대부분 잊어버립니다. 독일의 과학자 헤르만 에빙하우스의 망각곡선에 따르면 인간은 배운지 10분 후부터 망각이 시작되고 1시간이 지나면 50퍼센트 이상을 망각하고 하루가 지나면 거의 70퍼센트 정도를 망각한다고 합니다. 공부는 배운 것을 오랫동안 기억하는 것이 가장 중요한데 그러려면 잘 적어놓고 반복해서 보아야 합니다. 그래야 오랫동안 기억할 수 있습니다.

하나님의 은혜도 기록해야 기억할 수 있다

문제는 하나님이 주신 은혜도 다 잊어버린다는 것입니다. 인생의 순간순간 얼마나 많은 은혜를 주셨는지 다 잊어버립니다. 그리고 하나님께 섭섭한 것만 기억합니다. 우리는 맛있는 음식을 먹기 전에 '하나님, 감사히 잘 먹겠습니다'라고 기도하지만, 음식을 배부르게 다 먹고 나면 그새 맛있는 음식을 주신 하나님은 잊어버립니다. 이 정도로 우리는 너무나 빠르게 잊어버립니다. 저도 이전에 하나님께 받은 기적과 은혜가 참 많았는데 적어 놓지 않은 것은 지금 기억이 거의 나지 않습니다. 그래서 지금은 필사적으로 노트나 노트 앱에 적어 놓습니다.

인생을 살면서 하나님과 동행한 모든 내용을 기록하지 않고 다 잊어버린다면 그것은 너무나 아까운 일입니다. 이제부터라도 그 모든 것을 자신만의 신앙 노트에 기록해야 합니다. 노트를 만들어서 적어보면 내가 받은 은혜, 기도 응답들을 다 볼 수 있어서 너무 좋습니다. 그 노트는 우리에게 너무나 소중한 보물이 될 것입니다.

기도 노트

첫 번째로 기도 노트가 있어야 합니다. 큰일은 기도하고 작은 일은 기도하지 않는 사람도 있습니다. 그런데 살다 보면 작은 일이 큰일이 되는 경우가 많습니다. 그래서 아무리 작은 일처럼 보이는 일도 빠트리지 않고 기도해야 합니다. 그런데 우리가 천재가 아닌 이상 모든 기도 제목을 다 외울 수가 없습니다. 이것을 빠트리지 않고 매일 기도하려면 반드시 기도 노트가 있어야 합니다.

기도 노트를 보면서 기도하다 보면 성령님께서 어떤 기도를 추가로 더 해야 하는지도 알려주십니다. 그러면 그것을 추가로 적습니다. 이렇게 마음 주시는 것을 우리는 절대로 다 기억하지 못합니다. 그래서 반드시 써놓아야 합니다. 저는 갑자기 주님이 주시는 마음을 적고 있으면 글이 알아서 써질 때가 있습니다.

기도를 3분만 하면 끝나는 분들이 있습니다. 저 역시도 처음에 기도를 시작했을 때는 10분 이상 기도하는 것이 힘들었습니다. 눈을 감고 모든 것을 구하고 나라와 열방을 위해 기도해도 눈을 뜨면 불과 10분이 지나 있었습니다. 하지만 지금은 기도 노트만 있으면 한 시간도 거뜬히 기도할 수 있습니다. 처음 기도 노트를 썼을 때는 반 페이지밖에 안 되었습니다. 하지만 점점 두 장, 세 장으로 늘어나더니 이제는 노트 한 권이 되었습니다. 기도 제목만 100개가 훨씬 넘는 것 같습니다.

제 기도 노트는 크게 세 파트로 나누어져 있습니다. 앞부분은 내가 구하는 기도, 내가 이루고 싶고 하나님께 조르는 기도를 적어두는 부분입니다. 맨 뒷부분은 저에게 중보기도를 부탁한 분들의 기도 제목들을 적어두는 곳입니다. 저를 위해서 아무 조건 없이 중보기도해주신 분들이 너무 고마워서 저도 남을 위해 아무 조건 없이 중보기도를 하기 시작했습니다. 지금도 사람들을 만나면 이렇게 말을 합니다.

"기도 제목이 어떻게 되세요? 제가 기도해드릴게요!"

그리고 제 기도 노트에 적고 매일 중보기도를 합니다. 하나님은 이렇게 남을 위해 중보기도하는 것을 기뻐하십니다. 가운데 부분은 하나님을 높여 드리고 인정하고 찬양하는 기도를 적는 부분입니다.

기도 노트를 통해 하나님의 일하심을 볼 수 있다

기도는 주님의 뜻을 알기 위해 하는 것입니다. 기도는 주님과의 대화입니다. 우리만 말하는 것이 아니라 주님도 말씀해주십니다. 주님은 우리에게 마음으로 말씀을 주시는데 이를 순간적으로 마음속으로만 생각하고 잊어버리면 안 됩니다. 그것을 글로 쓰면 더 명확하게 들을 수 있습니다. 그래서 저는 기도할 때 노트와 연필을 꺼내서 준비합니다. 이렇게 기도 노트를 적어보면 그동안 얼마나 많은 기도가 응답되었는지도 알 수 있습니다. 응답받은 것을 눈으로 확인할 수 있어서 하나님의 역사하심에 경외감을 느끼게 됩니다. 기적을 눈으로 목격하게 됩니다. 그동안 내가 엉뚱한 기도를 얼마나 많이 올렸는지도 알 수 있습니다. 그리고 나의 잘못된 기도를 하나님이 올바르게 고쳐 주시는 것도 알 수 있습니다.

우리의 인생은 어디에서 문제가 생길지 모르기 때문에 하나하나 놓치지 말고 기도해야 합니다. 마귀는 우리의 빈틈을 찾고 있습니다. 기도 노트를 보면서 기도하면 어디 하나 놓치지 않고 다 기도할 수 있어서 좋고, 중언부언하지도 않게 됩니다. 만약 기도에 응답이 없다면 기도의 내용을 점검해보아야 합니다. 기도를 노트에 써서 눈으로 보면 내 기도가 욕심으로 구하는 기도인지 성경 말씀에 비추어서 알 수 있습니다.

말씀 노트

두 번째는 말씀 노트입니다. 저는 성경을 쉬운성경으로 보는데, 제 신앙생활은 쉬운성경을 보기 전과 본 후로 나뉠 만큼 쉬운성경은 제게 큰 도움을 주었습니다. 개역개정 성경으로 볼 때는 이해가 잘 가지 않았던 말씀이 쉬운성경으로 보니 이해가 쉽게 되어서 너무 좋았습니다.

저는 말씀 노트를 쓸 때 노트 왼쪽 페이지는 성경을 보면서 감동이 오는 것들을 적고 오른쪽 페이지는 비워둡니다. 성경을 한 번만 볼 것이 아니기 때문에 같은 구절을 두 번, 세 번 볼 때 하나님께서 감동을 주시는 구절을 추가로 적기 위해 비워둡니다. 말씀만 적는 것이 아니라 하나님이 마음속에 감동을 주시면 그 내용도 말씀과 같이 노트에 적습니다.

'하나님이 나에게 무슨 말씀을 하시는지 도통 모르겠어'라고 하는 분들을 본 적이 있습니다. 하지만 우리가 하나님과 매일 함께 있는 시간을 지속적으로 가진다면 그런 일은 결코 있을 수 없다고 생각합니다. 하나님은 우리에게 하나님의 뜻을 알려 주기를 너무나 원하십니다. 하나님은 우리가 하나님이 어떤 생각을 가지고 계시는지 깨닫기를 원하십니다. 하나님께서는 과거에 제 귀에다 직접 말씀을 해주셔도 제가 전혀 듣지 못했다는 것을 깨닫게 해주셨습니다. 제가 듣지 못했던 이유는 하나님과 보내는 시간이 없었기 때문입니다.

저는 찬송을 하든 기도를 하든 말씀을 보든 항상 노트를 펴 놓습니다. 그리고 펜을 꺼내놓습니다. 그러면 마음에 감동이 옵니다. 그때마다 그 감동들을 무조건 적습니다. 그런데 문제는 운전하거나 길을 걸을 때도 감동이 온다는 것입니다. 그때는 노트를 펴기 어렵기 때문에 저는 기자들이 가지고 다니는 소형 녹음기를 샀습니다. 그 녹음기에는 아직 정리를 못 한 파일이 400개가 넘습니다. 그렇게 하나님이 주시는 감동을 적다 보면 '진짜 하나님이 이렇게 많은 말씀을 주셨구나' 싶을 정도로 엄청나게 많은 말씀을 주십니다.

예배 노트

세 번째는 예배 노트입니다. 매주 예배 시간에 목사님의 설교를 통해 주시는 말씀을 적습니다. 다른 두 노트와 마찬가지로 예배 노트도 반드시 있어야 합니다. 왜냐하면 우리가 주일에 예배를 잘 드리면 하나님이 특별한 은혜를 선물로 주시기 때문입니다. 무엇인가를 필기하려면 먼저 잘 들어야 합니다. 그래서 다른 생각을 하기 어렵습니다. 그리고 들은 것을 머릿속에서 순간적으로 정리해야 하기 때문에 설교가 훨씬 집중이 잘되고 졸리지도 않습니다.

저는 예전에는 설교 시간에 많이 졸곤 했는데, 설교 노트를 쓰고 나서는 이제 졸지 않습니다. 그리고 펜을 쥐는 것 자체만으로도 집중하는 데 도움이 됩니다.

주일에 우리가 예배를 잘 드리면 영적으로 3, 4일은 너끈히 먹을 수 있는 영적인 식량을 주십니다. 우리는 그 식량으로 며칠을 잘 버텨낼 수 있게 됩니다.

그리고 목사님이 말씀하시는 주제는 하나여도, 실은 사람마다 받는 감동이 다 다릅니다. 그 감동을 그대로 적으면 그것이 나에게 주시는 하나님의 음성이 되는 것입니다. 저는 이 말씀을 받기 위해 예배 시간에 엄청나게 집중하고 목사님 말씀도 열심히 노트에 적습니다.

저는 이렇게 기록한 노트를 여러 권 가지고 있는데, 만약 제가 노트에 기록을 하지 않았다면 받았던 은혜 중 지금 기억하고 있는 것이 얼마나 되었을까요? 아마 1퍼센트도 기억하지 못할 것입니다.

주일예배를 드리면서 주보에다 설교를 기록하는 분들도 있는데, 그렇게 적고 주보는 예배당에 두고 나가는 분들을 보았습니다. 그러면 하나님 은혜를 다 잊어버리는 것입니다. 꼭 예배 노트를 만들어서 기록해보길 바랍니다. 그리고 예배를 잘 드려서 하나님이 주시는 놀라운 축복을 꼭 받으시길 바랍니다.

PART

3

부모의 믿음이
자녀의 꿈을
응원한다

14

믿음은 어떻게 생길까?

✳

믿음은 어떻게 생기는 것일까요? 우리가 어떤 사람을 믿을지 안 믿을지는 그 사람이 과거에 약속을 얼마나 잘 지켰는지를 보고 결정합니다. 그 사람이 나에게 정직하게 행동하고 약속을 잘 지켰으면 믿을만하다고 여기고, 나를 속이거나 약속을 잘 지키지 않았다면 믿을만하지 않다고 여깁니다.

내가 그 사람을 믿느냐 안 믿느냐의 문제는 그 사람이 내게 보여준 것에 따라서 결정됩니다. 이렇듯 믿음이라는 것은 상대방의 태도에서 먼저 출발하는 것입니다.

하나님은 약속을 지키시는 분

우리가 하나님을 믿을 때 '나는 믿습니다!'라고 표현하는데, 실은 우리가 하나님을 믿는 그 믿음은 나에게서 시작하는 것이 아니라 하나님으로부터 시작됩니다. 우리가 하나님을 진짜 믿으려고 하면 하나님이 정말 믿을 만한 분인지 알아야 하는데 그러기 위해서는 하나님이 약속을 잘 지키시는 분인지를 먼저 확인해봐야 합니다.

하나님의 약속을 기록한 책이 있습니다. 바로 성경입니다. 성경은 구약과 신약으로 이루어져 있습니다. 구약은 '옛 약속'이란 뜻이고 신약은 '새로운 약속'이라는 뜻입니다.

성경에는 하나님의 수많은 약속의 내용이 나옵니다. 우리는 성경을 통해서 하나님이 무엇을 약속하셨는지, 그리고 그것을 진짜 지키셨는지를 확인할 수 있습니다.

그리고 우리는 성경을 통해 하나님이 약속을 지키시는 분이라는 것을 알게 됩니다. 그래서 하나님이 신실하신 분이라는 것을 알게 됩니다. '신실하다'는 말은 영어로 'faithful' 즉 믿을 만하다는 말입니다. 우리는 성경을 통해 하나님이 정말 믿을 만한 분이라는 것을 알게 됩니다. 그래서 성경을 보면 믿음이 생기게 되는 것입니다.

우리가 교회에 나오는 것도 먼저 믿음이 있어서 교회에 나오는 것이 아니라 일단 교회 와서 하나님의 약속의 말씀을 먼저 들어보고 '아, 하나님이 믿을 만한 분이시구나'라는 생각이 들면서 믿음이 생기게 되고 계속 교회에 나오게 되는 것입니다.

하나님이 주시는 약속의 말씀

창세기 15장 1절을 보면 여호와께서 환상 가운데 아브라함에게 말씀하셨습니다.

"아브람아, 두려워하지 마라. 나는 네 방패이다. 내가 너에게 큰 상을 줄 것이다." 그러자 아브람이 말했습니다. "주 여호와여, 저에게 무엇을 주시렵니까? 저에게는 아들이 없습니다. 그러니 다마스커스 사람인 제 종 엘리에셀이 제 모든 재산을 물려받을 것입니다." … 여호와께서 아브람에게 말씀하셨습니다. "그 아이는 네 재산을 물려받을 사람이 아니다. 네 몸에서 태어나는 자가 네 재산을 물려받게 될 것이다." 하나님께서 아브람을 밖으로 데리고 나가서서 말씀하셨습니다. "하늘을 바라보아라. 셀 수 있으면 저 별들을 세어 보아라. 네 자손들도 저 별들처럼 많아지게 될 것이다." 창 15:1,2,4,5, 쉬운성경

하나님은 약속을 지키셨습니다. 아브라함은 아내 사라를 통해 아들 이삭을 낳았고 아브라함의 자손은 오늘날 수십억 명이 되었습니다.

여호와께서 아브라함에게 또 약속의 말씀을 주십니다.

"잘 알아 두어라. 네 자손은 나그네가 되어 낯선 땅에서 떠돌게

될 것이다. 그 땅의 사람들이 네 자손을 종으로 삼고 사백 년 동안, 네 자손을 괴롭힐 것이다. 그러나 네 자손을 종으로 삼은 그 나라에 내가 벌을 주리니, 네 자손은 많은 재산을 가지고 그 나라에서 나오게 될 것이다. … 네 자손은 손자의 손자 때가 되어서야 이 땅으로 다시 돌아오게 될 텐데, 이것은 아모리 사람들의 죄가 아직은 벌을 받을 만큼 크지 않기 때문이다." 창 15:13,14,16. 쉬운성경

하나님은 약속을 또 지키셨습니다. 이스라엘 사람들이 애굽에서 고된 노동으로 탄식하며 부르짖습니다. 그 부르짖는 소리를 하나님께서 들으셨습니다.

그리고 하나님은 아브라함에게 한 약속을 기억하셨습니다. 그리고 모세를 부르십니다. 하나님은 애굽에 열 가지 재앙을 내리시고 홍해를 갈라 없던 길도 새로 만드셔서 이스라엘 사람들을 애굽에서 탈출시키십니다.

하나님은 사람이 아니시니, 거짓말을 하지 않으신다. 하나님은 인간이 아니시니, 마음을 바꾸지 않으신다. 하나님은 말씀하신 것은 이루시며, 약속하신 것은 지키신다. 민 23:19. 쉬운성경

하나님은 약속하신 것을 반드시 지키시는 분이십니다. 저는 이것을 99.9퍼센트 믿는 것이 아니라 100퍼센트 믿습니다. 하

나님은 외부 조건이나 주변 상황에 전혀 상관하지 않으시고 길이 없으면 길을 만들어서라도 약속을 지키십니다.

약속의 말씀을 붙잡고 기도하라

하나님의 축복을 받으려면 하나님이 어떤 약속을 하셨는지 알아야 합니다. 그래서 약속의 말씀인 성경을 우리는 매일 봐야 합니다. 성경을 보면 하나님은 반드시 약속을 먼저 주십니다. 그리고 우리가 그 약속을 믿으면 하나님은 그 믿음에 역사하셔서 그 약속을 이루어주십니다. 그래서 약속을 붙잡고 기도한 사람은 하나님이 역사하신 것을 압니다. 하나님이 하신 것을 알기에 교만할 수도 없습니다. 하나님의 크신 능력에 더 겸손해질 수밖에 없습니다. 한번 이것을 경험하게 되면 하나님을 더 믿고 신뢰하게 됩니다.

하나님은 우리에게 약속을 주셨는데 성경을 보지 않아서 어떤 약속을 하셨는지도 모르고 사는 사람이 너무나 많습니다. 약속을 모르니까 믿을 수도 없습니다. 또 약속을 붙들고 기도할 수도 없습니다.

믿음이 없이 기도하니 기도가 전혀 힘이 없습니다. 약속의 말씀 없이 그냥 내가 원하는 것을 이루어달라고 기도하는 것은 하나님의 뜻이 아니면 이루어지지 않을 수도 있습니다. 그러면서 '왜 내 기도는 안 들어주시나?'라고 생각합니다. 이 악순환의 고리를 끊으려면 매일 성경을 봐야 합니다. 성경을 보면 믿음이 생깁니다. 우리가 잘못된 기도를 하면 주님이 말씀으로 기도도 올바르게 고쳐주십니다.

제가 작정기도하고 있는 것이 있는데 하나님은 기도를 시작하기 전에 먼저 제가 바라는 것을 이루어주시겠다고 약속을 해주셨습니다. 그리고 작정기도를 하라고 하셨습니다. 약속이 아직 이루어지지 않았지만 저는 하나님이 반드시 약속을 지키시는 분임을 알기에 하나님의 약속을 붙잡고 매일 아침 기도합니다.

처음 몇 달 동안 기도할 때는 아무 조짐도 보이지 않았습니다. 그리고 저에게 계속 기도가 부족하다고 말씀하셨습니다. 그래서 저는 더 끈질기게 기도했습니다. 그 후 환경이 조금씩 조금씩 변하고 분위기가 무르익어가는 것을 보면서 저는 하나님이 직접 일하고 계신 것을 알게 되었습니다. 하나님은 또 말씀해주셨습니다.

'이제 마지막 기도의 피치를 올려라! 반드시 이루어질 것이다!'

저는 먼저 결과를 알려주시고 기도하게 하신 하나님께 정말 감사하게 생각합니다. 결과를 알고 기도하기에 중간에 어떤 시련이 와도 눈 하나 깜짝하지 않을 수 있었습니다. 저는 이렇게 약속을 붙잡고 기도하면서 믿음이 조금씩 자라게 되었습니다. 저는 혼자 길을 가면서도, 밤에 잠을 자면서도 이렇게 기도합니다.

"주님! 주님께서 약속하신 것을 이루어주소서. 주님은 약속하신 것을 반드시 지키시는 분이심을 저는 압니다."

언젠가는 꼭 이루어진다

하나님은 아브라함에게 아들을 주시겠다고 약속을 하셨지만 바로 주시지는 않으셨습니다. 하나님은 아브라함의 자손이 하늘의 별처럼 많게 하겠다고 하셨지만, 아브라함이 아무리 기다리고 기다려도 아들 한 명 생길 기미가 보이지 않았습니다. 결국 기다리다 지쳐 아브라함과 사라는 자신들의 생각대로 일을 저지릅니다. 사라의 몸종 하갈을 통해 아이를 갖기로 한 것입니다.

그래서 생긴 아들 이스마엘로 인해 아브라함과 사라는 큰 고통을 겪게 됩니다. 그리고 하나님은 화가 나신 것인지 하나님의 약속을 믿지 않은 아브라함에게 오랜 시간 동안 찾아오시지 않습니다. 성경학자들은 이 기간을 13년이라고 말합니다. 아브라함이 99세가 되었을 때 하나님이 또 다시 찾아오셔서 말씀하십니다.

"나는 전능한 하나님이다. 내 말에 복종하며 올바르게 살아라.

내가 너와 언약을 세워 너에게 수없이 많은 자손을 주겠다."

창 17:1,2, 쉬운성경

하나님은 믿음이 흔들리는 아브라함에게 다시 한번 약속을 해주셨습니다. 하지만 아브라함은 여전히 믿지 않았습니다.

아브라함은 얼굴을 땅에 대고 엎드린 채 웃으며, 마음으로 혼잣말을 했습니다. '어떻게 백 살이나 먹은 사람이 아기를 낳을 수 있을까? 사라는 나이가 아흔 살인데 어떻게 아기를 낳을 수 있을까?' 아브라함이 하나님께 말했습니다. "이스마엘이나 하나님께 복을 받으며 살기를 바랍니다." 하나님께서 말씀하셨습니다. "아니다. 네 아내 사라가 아들을 낳을 것이니, 아들을 낳으면 그 이름을 이삭이라고 하여라. 내가 네 아들과 내 언약을 세울 것이니, 그 언약은 네 아들의 자손과 세울 영원한 언약이 될 것이다." 창 17:17-19, 쉬운성경

후에 하나님은 아브라함과 사라 부부에게 또 찾아오셔서 흔들리는 믿음을 잡아주십니다. 그리고 말씀하십니다.
"내년 이맘때쯤 사라에게 아들이 생길 것이다."
이 이야기를 들은 사라는 속으로 웃으면서 믿지 않았습니다. 그때 사라는 아이를 가질 수 있는 몸이 아니었습니다.

그때에 여호와께서 아브라함에게 말씀하셨습니다. "사라가 왜 웃느냐? 어찌하여 '내가 늙었는데 어떻게 아이를 낳을 수 있을까?' 하느냐? 나 여호와가 하지 못할 일이 어디에 있느냐? 내년 이맘때에 내가 다시 너를 찾아올 것이다. 그때에는 사라에게 아들이 생길 것이다." 창 18:13,14, 쉬운성경

이후에 어떤 일이 일어났나요? 우리는 하나님의 약속대로 아브라함과 사라에게 아들 이삭이 태어났음을 성경을 통해 알 수 있습니다. 하나님은 아브라함에게 하신 모든 약속을 다 지키셨습니다.

그리고 하나님은 성경을 통해 우리에게도 동일하게 약속의 말씀을 주십니다. 우리는 주님이 주신 약속의 말씀을 매일 보면서 오늘 하루를 견뎌낼 힘을 얻게 됩니다.

15

미래가 두렵고 불안한 이유

✳

우리가 미래의 일을 두려워하고 걱정하는 이유는 무엇일까요? 우리는 미래에 일어날 일을 알지 못합니다. 내일 당장 어떤 일이 일어날지도 모르죠. 우리는 두려움과 불안을 해결하기 위해 미래를 위한 투자를 합니다. 매달 통장에서 **빠져나가는** 보험금, 적금, 또 학생들이 열심히 하는 공부도 모두 불확실한 미래의 위험을 최대한 줄이기 위한 일종의 투자입니다.

하나님과 멀어지면 불안하다

내일 일어날 일을 자신의 힘으로 대비할 수 있다면 두려워하고 걱정하고 근심할 필요가 없을 것입니다. 하지만 그것은 불가능합니다. 우리가 불안해하는 이유는 하나님 외에 세상의 다른 주인을 섬기기 때문입니다. 그것은 하나님을 최고의 가치로 여기지 않고 돈과 욕심, 세상의 칭찬 등을 추구하기 때문입니다.

우리는 하나님과 맘몬을 겸해서 섬길 수 없습니다. 대한민국에서 가장 돈이 많은 사람은 두려운 일이 없을까요? 그렇지는 않은 것 같습니다. 전도서 5장 12절에 보면 부자는 그 부요함 때문에 자지 못한다고 나와 있습니다. 맞습니다. 사람은 손에 쥔 것이 많을수록 더 두렵고 불안해집니다.

우리는 돈을 많이 벌고 싶어 합니다. 우리가 돈을 많이 벌고 더 안전해지면 우리는 하나님을 더 잘 섬기고 더 기도하고 주님 옆에 꼭 붙어서 주님과 동행하며 살까요? 많은 사람이 부자가 되면 주님을 더 멀리했습니다. 성경 역사상 가장 돈이 많았던 솔로몬도 끝이 좋지 않았습니다.

하나님은 솔로몬에게 모든 것을 주셨습니다. 그는 세상의 지혜와 부귀와 장수와 모든 원수를 굴복시키는 큰 복을 누렸습니다. 하지만 솔로몬은 어떻게 했습니까? 그 모든 것을 누렸던 솔로몬이 마지막까지 하나님을 잘 섬겼습니까?

열왕기상 11장 1절에서 13절을 보면 정말 충격적입니다. 하나님께서 이방 여인과 결혼하면 다른 신을 섬기게 되니 그들과 통하지 말라고 하셨지만 솔로몬은 말을 듣지 않았습니다. 그는 무려 칠백 명의 후궁과 삼백 명의 첩 등 일천여 명의 아내를 두었습니다.

우리는 솔로몬의 지혜로운 판결을 잘 알고 있습니다. 두 여자가 갓난아기 하나를 두고 서로 자기의 아들이라며 다투었습니다. 솔로몬은 "칼을 가져와 아기를 둘로 나누어서 여인들에게 반쪽씩 나누어주어라!"라고 판결하였고 아기의 진짜 엄마는 자신의 아기를 살리기 위해 거짓말하는 여인에게 아기를 주라고 합니다. 이로 인해 결국 진짜 엄마가 밝혀지게 되었죠. 아기는 엄마 품으로 돌아오게 되고, 온 나라는 솔로몬에게는 '하나님의 지혜'가 있다고 경탄하며 그를 존경하게 되었습니다.

하지만 솔로몬이 하나님에게서 멀어지자 하나님이 주신 지혜를 상실한 솔로몬에게는 '사람의 지혜'만 남았습니다. 솔로몬은 점차 교만과 독선으로 정치를 합니다. 결국 솔로몬은 일반적인 왕으로 전락합니다.

부귀와 명성을 얻자 하나님의 소리도, 사람의 소리도 듣지 않게 됩니다. 그는 성전과 왕궁을 화려하게 지으며 겉으로는 성공적인 정치를 하는 것처럼 보였습니다. 솔로몬은 외교라는 이름으로 다른 나라의 공주들과 혼인을 하여 궁에 천 명이나 되는 여자들을 두고 삽니다. 그 여자들은 자기들의 이방신을 예루살렘에 가져와서 섬겼고 솔로몬은 그것을 모두 허락합니다. 하나님이 가장 싫어하시는 이방신을 받아들입니다.

솔로몬은 초심을 잃었습니다. 마음의 중심도 잃었습니다. 첩들을 위하여 우상의 산당들을 지어 놓았던 산은 여호와의 성전에서 가까웠습니다. 현재는 '멸망산'이라는 이름으로 남아 있습니다. 하나님은 솔로몬에게 두 번이나 나타나셔서 "나의 법도를 벗어나지 말라"라고 경고하셨지만, 그는 듣지 않았습니다. 이스라엘 백성들은 솔로몬 왕에게 세금을 내리고 부역을 줄여 달라고 탄원했습니다. 그러나 하나님의 말씀도 듣지 않는 그가 백성들의 소리를 들을 리 없었습니다. 하나님은 솔로몬 왕에게 세 번째로 나타나셔서 "나는 너의 신하가 왕이 되게 할 것이다"라고 말씀을 마치십니다.

통일왕국 이스라엘 멸망의 원인은 바로 솔로몬이었던 것입니다. 하나님께서는 그렇게 믿었던 다윗의 아들 솔로몬에게 얼마나 배신감을 느끼셨을까요? 그로 인해 하나님께서 얼마나 마음이 아프셨을까요?

저는 열왕기상을 읽으면서 눈물이 났습니다. 하나님의 마음이 느껴져서 너무 마음이 아팠습니다. 그리고 저를 돌아보지 않을 수 없었습니다. 항상 좋은 일만 일어나기를 바라는 저는 그 일이 다 이루어지면 제 마음이 어떻게 될지 두려운 마음이 들었습니다. 왜 하나님께서 우리에게 어려운 일을 허락하시는지 조금은 이해가 가는 것 같았습니다. 솔로몬은 세상의 모든 것을 얻었지만 주님의 능력은 잃었습니다. 열왕기상을 읽자 저는 저의 연약함에 오히려 기뻐하고 감사할 수 있게 되었습니다. 저의 연약함을 통해 주님의 능력이 온전하게 나타날 수 있기 때문입니다.

> 나에게 이르시기를 내 은혜가 네게 족하도다 이는 내 능력이 약
> 한데서 온전하여짐이라 하신지라 그러므로 도리어 크게 기뻐함
> 으로 나의 여러 약한 것들에 대하여 자랑하리니 이는 그리스도
> 의 능력이 내게 머물게 하려 함이라 고후 12:9

지음 받은 대로 살면 두렵지 않다

두려움은 악한 것입니다. 두려움은 소망을 파괴합니다. 믿음과 두려움은 공존할 수 없습니다. 사랑과 두려움 역시 공존할 수 없습니다. 두려움과 하나님은 원수입니다. 주님께 기도하면 주님께서 길을 보여주십니다. 주님이 권능의 손으로 우리 삶을 이끌고 계시는데 두려워할 이유가 없습니다. 이제 두려워하지 않겠다고 단호히 결단해야 합니다. 우리는 하나님만 두려워하면 됩니다. 세상에 하나님 말고 두려운 것이 있어서는 절대 안 됩니다.

> 사랑 안에 두려움이 없고 온전한 사랑이 두려움을 내쫓나니 두
> 려움에는 형벌이 있음이라 두려워하는 자는 사랑 안에서 온전
> 히 이루지 못하였느니라 요일 4:18

저는 "온전한 사랑이 두려움을 내쫓나니"라는 성경 구절이 이해가 잘 가지 않았습니다. 그래서 기도했습니다.

'주님, 이 말씀을 이해하게 해주세요, 깨닫게 해주세요.'

그때 주님께서 그 뜻을 알게 해주셨습니다. 우리 인간은 절대로 온전한 사랑을 할 수 없습니다. 주님만이 온전한 사랑을 하실 수 있습니다.

원래 우리는 두려움을 느끼지 못하는 존재였습니다. 왜냐하면 에덴동산에서는 하나님과 함께 살았기 때문입니다. 하지만 아담이 죄를 짓고 하나님의 낯을 피했기 때문에 두려움이 오기 시작했습니다. '내가 하나님 없이 모든 것을 선택해야 한다는 두려움, 이 길이 맞는지, 저 길이 맞는지' 하는 두려움입니다.

원래 아담은 만물을 다스릴 수 있는 사람이었습니다. 아담은 스스로 선택해야 한다는 두려움에 만물을 다스리기는커녕 아무것도 못 하고 자식만 낳고 살았습니다. 하나님과 함께 살 때는 선택할 필요가 없었습니다. 하나님이 시키는 그대로 하면 되니까, 그것이 최선의 길이니까 말입니다. 하나님의 온전한 사랑 안에 거할 때는 두려움이 없었습니다. 하나님의 낯을 피하지 않을 때는 두려움이 없었습니다. 하나님의 낯을 피하는 것을 돌이키지 않으면 우리는 죽을 때까지 두려움에 떨며 살아야 합니다.

두려움에는 형벌이 있다고 했습니다. 하나님이 원래 지으신 목적대로 살지 못하는 형벌, 두려움과 늘 싸워야 하는 형벌, 어떤 선택이 최선인지 알 수 없는 형벌. 결국 우리는 하나님이 우리를 만드신 목적에 맞는 길로 가지 못하게 됩니다. 아담 때로부터 사람들은 아직도 죄를 짓고 있습니다. 수많은 선택을 스스로 하면서 자신만의 성을 쌓고 있습니다. 그리고 스스로 "나는 두렵지 않아. 난 할 수 있어"를 외치며 하나님의 방법이 아닌 다른 것으로 두려움을 없애려 하다가 정처 없이 떠도는 가인의 삶을 살게 됩니다. 우리는 하나님과 함께해야만 두려움 없는 평안을 얻을 수 있습니다. 그리고 우리가 지음 받은 대로 살게 됩니다.

주님이 우리를 두려움에서 구하신다

이제 우리는 두려움이 몰려올 때 주님에게로 나아가야 합니다.

너희는 귀를 기울이고 내게로 나아와 들으라 그리하면 너희의 영혼이 살리라 사 55:3

여호와는 내 편이시라 내가 두려워하지 아니하리니 사람이 내게 어찌할까 시 118:6

두려움이 오면 "주님이 나를 두려움에서 구하신다"라고 외쳐야 합니다. 천군 천사에게 도움을 요청해야 합니다. "천군 천사들이여, 내 마음을 지키시오"라고 외쳐야 합니다. 믿음의 사람들에게 도움을 요청해야 합니다.

"저를 위해서 기도해주세요!"

그런데 가장 중요한 것은 본인이 기도해야 합니다. 본인은 기도하지 않고 기도 부탁만 하면 안 됩니다. 제가 과거에 그랬습니다. 저는 기도 안 하면서 항상 주위 사람들에게 "기도해주세요"라고 기도 부탁만 하고 다녔습니다. 가장 중요한 것은 본인이 기도하는 것입니다. 그리고 믿음이 자라게 해달라고 기도해야 합니다. 기도에 많은 시간을 쏟으십시오. 하루에 한 시간은 온전히 기도하십시오!

지난 인생에서 가장 후회되는 것은 기도를 너무 조금 하면서 살아온 것입니다. 너무 후회되지만, 지금부터라도 열심히 하려고 합니다. 현재 제 목표는 천국 가는 날까지 매일 하루 한 시간 기도하는 것입니다.

열왕기하 6장엔 이스라엘이 아람과 싸울 때의 일이 기록되어 있습니다. 아람 군대가 공격을 시작할 때마다 이스라엘 군대가 미리 알고 방어합니다. 아람 왕의 마음이 점점 불안해집니다. 작전 기밀이 자꾸 새어나간다고 의심하고 부하들을 불러 진상을 밝히고자 합니다. 그러나 부하들은 누군가가 비밀을 누설해서 그런 것이 아니라 하나님의 선지자 엘리사가 왕의 침실에서 하는 얘기까지 다 듣고 이스라엘의 왕에게 고하기 때문이라고 대답합니다. 아람 왕은 군사를 보내 엘리사를 잡아 오게 합니다.

엘리사의 사환이 아침 일찍 일어나 마당에 나가보니 군사와 말 병거가 성읍을 새까맣게 에워싸고 있었습니다. 그 순간 혼비백산하여 엘리사에게 말합니다.

> 왕이 이에 말과 병거와 많은 군사를 보내매 그들이 밤에 가서 그 성읍을 에워쌌더라 하나님의 사람의 사환이 일찍이 일어나서 나가보니 군사와 말과 병거가 성읍을 에워쌌는지라 그의 사환이 엘리사에게 말하되 아아, 내 주여 우리가 어찌하리이까 하니 대답하되 두려워하지 말라 우리와 함께 한 자가 그들과 함께 한 자보다 많으니라 하고 기도하여 이르되 여호와여 원하건대 그의 눈을 열어서 보게 하옵소서 하니 여호와께서 그 청년의 눈을 여시매 그가 보니 불말과 불병거가 산에 가득하여 엘리사를 둘렀더라 왕하 6:14–17

사환은 눈을 뜨자마자 세상으로 나가지만 엘리사는 먼저 하나님께로 나아갑니다. 사환은 세상을 먼저 보고 엘리사는 하나님을 먼저 대면합니다. 사환은 세상의 고난을 보자 즉각 두려움에 빠지지만 엘리사는 세상보다 크신 하나님을 대면하기에 평안합니다.

24시간 주님을 바라보면 우리는 두렵지 않습니다. 우리는 주님만을 전적으로 신뢰해야 합니다. 주님보다 주위 사람들에게 더 의지하는 우리를 주님은 안타깝게 생각하십니다. 어떤 어려운 상황에 처하더라도 절대로 두려워하지 말고 이렇게 기도하세요!

"주님, 저는 주님의 선하심을 믿습니다. 주님! 저는 주님을 신뢰합니다. 주님! 아름답게 해결하여주십시오."

주님의 선하심을 믿고 주님 안에서 반드시 승리하기를 바랍니다.

16

주님과 함께할 때 누리는 기쁨

✳

항상 기뻐하라 쉬지 말고 기도하라 범사에 감사하라 이것이 그리스
도 예수 안에서 너희를 향하신 하나님의 뜻이니라 살전 5:16-18

크리스천 중에 이 말씀을 모르는 사람은 아마 없을 겁니다. 이 말씀은 우리 인생에서 미션 임파서블, 즉 불가능한 임무라는 생각이 들 때가 있습니다. 그럼 하나님께서는 우리에게 진짜 불가능한 임무를 주신 걸까요?

많은 사람이 이럴 때 기뻐하고 감사합니다. 내가 원하는 대로 일이 되었을 때, 내가 목표하는 것을 이루었을 때, 돈을 많이 벌었을 때 등등. 혹시 좋은 일이 생기면 감사하고 안 좋은 일이 생기면 감사하지 못하고 불평하는 삶을 살고 계시나요? 살다 보면 좋은 일도 생기지만 내가 바라지 않은 일도 생기는 것이 우리 인생입니다.

우리가 살다가 어떤 문제를 만났는데 문제가 해결되면 감사하고 해결되지 않으면 원망하는 삶을 산다면 우리의 마음은 매일 롤러코스터를 타게 됩니다.

항상 기쁘게 사는 비결

《예수는 믿는데 기쁨이 없어서》라는 책을 쓴 마이크 메이슨은 평생 경계성 우울증을 겪으며 살아왔습니다. 그는 알코올 의존증에도 빠졌었고 크리스천이 된 지 10년이 되자 더 깊은 우울증에 빠졌습니다.

그는 친구의 십 대 아들 둘이 교통사고로 세상을 떠나는 비극을 본 뒤 예수님의 명령인 "항상 기뻐하라"라는 말씀이 실제로 가능한지 실험하기로 하고 상황과 관계없이 90일 동안만 주님 안에서 기뻐해 보기로 결심합니다. 그리고 90일 후 그것이 가능하다는 결론에 도달합니다. 그리고 이렇게 말합니다.

"기쁨의 실험을 통해 전혀 새로운 차원의 기독교가 내 앞에 열렸다. 오랫동안 잠자던 봉오리에서 예쁜 꽃이 피어났다."

마이크 메이슨은 "사람이 항상 즐거울 수는 없지요"라고 말하며 기뻐하지 못할 이유가 세상에는 너무도 많다고 말합니다. 하지만 그는 또 "못 할 것도 없지요"라고 말하며 기쁨은 근육과도 같아서 쓸수록 강해진다고 말합니다.

그가 말하는 항상 기쁘게 사는 비결은 한마디로 "주 안에서" 입니다. 그가 실험하는 내내 반복했던 실수는 기쁨을 어떻게든 내가 만들어내야 한다고 생각한 것이었습니다. 그리고 기쁨은 우리가 만들어내는 것이 아니라 예수 그리스도의 복음 그 자체 가 기쁨이라는 사실을 드디어 깨닫습니다.

마이크 메이슨은 기쁨은 하나님의 선물이지만 우리가 그것 을 전사처럼 싸워 취해야 한다고 일깨워줍니다. 그리고 이렇게 말합니다.

"기쁨을 원한다면 그것을 위해 의지적으로 맹렬히 싸워야 합 니다. 영적 전투는 선택이 아니라 필수이므로 우리는 그것을 즐 기는 편이 낫습니다. 예수님의 이름으로 싸우는 일은 버거운 의 무가 아니라 기쁨과 직결되는 최고의 특권입니다. 전사이신 하 나님은 우리가 승리의 즐거움뿐만 아니라 싸움 자체의 즐거움 을 알기를 원하십니다."

저는 이 책을 보면서 영적 전쟁을 사랑해야 한다는 표현을 처음 보았습니다. 마이크 메이슨은 그 선한 싸움 속에 풍요로 운 기쁨이 예비되어 있으며, 우리가 그 싸움을 통해 삶의 경이 와 감사를 누릴 때 바로 그 기쁨이 하나님을 영화롭게 한다고 가르쳐줍니다. 그리고 이렇게 제안합니다.

"삶이라는 크고 놀라운 선물을 큼직한 수박 한 덩이처럼 받 아보세요. 달콤한 빨간색 과육만 입에 넣고 나머지는 뱉어내면 됩니다. 우울하게 씨앗과 껍질까지 씹을 이유가 없습니다."

　그렇습니다. 진정한 만족과 기쁨은 예수 그리스도만 우리에게 주실 수 있습니다. 선지자 하박국은 가진 것이 아무것도 없을지라도, 오직 하나님 한 분만으로 기뻐한다고 했습니다. 하박국서 3장 17,18절에서 하박국은 "비록 무화과나무가 무성하지 못하며 포도나무에 열매가 없으며 감람나무에 소출이 없으며 밭에 먹을 것이 없으며 우리에 양이 없으며 외양간에 소가 없을지라도 나는 여호와로 말미암아 즐거워하며 나의 구원의 하나님으로 말미암아 기뻐하리로다"라고 고백합니다. 하나님으로 인해 우리는 어떠한 상황에서도 기뻐하는 삶을 살 수가 있는 것입니다.

　진정한 기쁨은 외부에서 오는 것이 아니다

　수많은 사람이 자신의 즐거움과 재미있는 일상을 SNS에 올립니다. 저도 다른 사람들과 소통한다는 이유로 SNS에 사진을 올리는데 그러면서 다른 사람들이 올린 맛집에 간 사진, 좋은 여행지에 간 사진, 자신의 매력이 넘치는 사진 등을 한동안 열심히 보게 되었습니다. 저는 그렇게 사진을 열심히 보다가 어느 순간 이런 생각이 들었습니다.

　'나는 잘 살고 있는 걸까? 남들은 다 재미있게 인생을 살고

있는 것 같은데 나는 너무 일만 하고 재미없게 사는 것 아냐?'

그리고 마음속 저 깊은 곳에서 하나님에 대한 작은 원망이 싹트는 것을 느꼈습니다.

'하나님 때문에 남들이 다 경험하는 재미를 나는 경험해보지 못하는 것 아냐?'

그리고 이런 사진들을 보면서 가진 것에 만족하기보다는 갖지 못한 것에 주목하는 저 자신을 보게 되었습니다. 어느 순간 저는 제 마음속 문제의 심각성을 깨닫게 되었습니다.

SNS를 많이 할수록 불행감을 느낀다는 연구 결과가 있습니다. SNS를 보면 친구들이 나보다 더 나은 삶을 살고 나보다 더 행복하다고 믿게 된다고 합니다. 그래서 설문에 참여한 많은 사람은 SNS가 자신을 더 슬프게 만든다고 말합니다.

저도 옛날에는 해외나 멋진 곳으로 여행 다니면 행복할 줄 알았습니다. 그래서 그때는 해외여행도 많이 다녔습니다. 한번은 캐나다에 가서 에메랄드 빛깔을 띠는 호수에 갔습니다. 호수 앞에서 기념사진을 찍고 뜨거운 햇살을 피해 차 안으로 들어오면서 이런 생각이 들었습니다.

'이게 뭐지? 왜 안 행복하지? 행복해야 하는데?'

그 후에 SNS에 자랑할 만한 일들을 계속 경험해도 비슷했습니다. 어떤 조건이 충족되어야 만족하고 기뻐하고 행복하다면 평소에는 충분히 만족하지 않다는 것입니다. 좋은 곳을 여행해야, 맛있는 음식을 먹어야, 좋은 옷을 입어야 행복을 누리는 사람은 평소의 생활에서 충분한 행복감을 누리지 못합니다.

이제는 저도 많이 달라졌습니다. 해외여행을 가지 않아도, 멋진 곳에서 밥을 먹지 않아도 지금 이 순간 충분히 행복하고 만족하고 감사하게 되었습니다. 진정한 만족과 기쁨은 외부의 조건에서 오는 것이 아니라는 것을 이제 알기 때문입니다.

주님이 주시는 영원한 즐거움

제가 경험한 그리고 경험하고 있는 기쁨은 제 마음 깊은 곳에 있는 샘에서 마치 샘물이 나오듯이 울컥울컥하고 나옵니다. 가만히 있어도, 특별한 일이 없을 때도 그 기쁨의 샘물이 나옵니다. 그것은 바로 예수 그리스도가 내 마음에 직접 주시는 기쁨입니다.

사도 바울은 갈라디아서 4장 15절에서 "너희의 모든 기쁨이 어찌 되었느냐"라고 묻습니다. 갈라디아의 초대 교인들에게 예수님을 통해 구원받은 사람들이 왜 기뻐하며 살지 못하냐고 묻고 있는 것입니다. 2천 년이 넘는 세월이 흐른 지금도 사도 바울이 여전히 성경을 통해 우리에게 질문을 던지고 있습니다. 우리의 기쁨이 어찌 되었습니까? 주님을 영접하고 경험했던 그 구원의 감격의 기쁨은 지금 어디 있습니까? 혹시 예수님을 나의 구주로 받아들였다고 하지만 얼굴은 무표정하고 마음속에는 사랑이 아니라 메마른 감정만 남아 있지는 않습니까?

주께서 생명의 길을 내게 보이시리니 주의 앞에는 충만한 기쁨이 있고 주의 오른쪽에는 영원한 즐거움이 있나이다 시 16:11

주님 근처에만 가도 기쁨이 넘치고 행복이 넘친다는 것입니다. 모든 일이 내 마음대로 다 안 되더라도, 지금 어려움을 겪고 있더라도, 크리스천은 예수 그리스도 때문에 기쁜 것입니다. 내가 죄를 용서받았고 구원의 확신이 있으며 비록 지금은 이 세상이 아무리 힘들더라도 곧 천국에서 이 세상의 모든 일을 잊고 주님과 함께 영원한 시간 동안 안식을 누릴 수 있다는 사실로 인해 기뻐합니다.

근심하는 자 같으나 항상 기뻐하고 가난한 자 같으나 많은 사람을 부요하게 하고 아무것도 없는 자 같으나 모든 것을 가진 자로다 고후 6:10

주님이 주시는 영원한 즐거움은 세상의 조건에 절대 흔들리지 않습니다.

크리스천은 어떠한 형편에 처하든지 기쁨의 기도와 감사를 잃어버려서는 안 됩니다. 이것이 우리를 향하신 하나님의 뜻이기 때문입니다. "항상 기뻐하라"라는 말씀은 오늘 내 앞에 있는 현실이 내가 생각하는 것과 전혀 다르고, 힘들고 어려운 문제가 여전히 내 삶에 있더라도 그것에 상관없이 기뻐하라는 말씀입니다. 이것이 쉬울까요? 어렵습니다. 그래서 우리는 기쁨을 훈련해야 합니다.

내 기대와 정반대의 일이 일어나더라도 가장 먼저 "주님, 감사합니다"라고 고백합니다. 어떤 최악의 상황을 만나더라도 "주님, 감사합니다"라고 읊조립니다. 저는 주님의 선하심을 믿습니다. 세상은 우리가 미쳤다고 하겠지만 성경적인 원리로 보면 그때 하나님의 역사가 시작됩니다. 설령 주님이 오늘 나를 죽이실지라도 "주님, 감사합니다"라고 하면, 우리가 죽는 것도 개의치 않고 감사한다면 세상에 두려울 것이 하나도 없습니다. 솔직히 죽기밖에 더 하겠습니까? 죽으면 천국 가는데 뭐가 두렵습니까? 우리가 어려움 속에서도 감사할 때 마귀가 좌절합니다.

이런 믿음과 감사를 통하여 하나님께서 영광 받으시는 것을 진짜 믿으신다면 그때 기적이 일어납니다. 우리가 어떤 상황 속에서도 흔들리지 않고 하나님의 뜻을 따라 항상 기뻐하고 쉬지 말고 기도하며 범사에 감사하는 삶을 살면 하나님께서 우리를 통해 홀로 영광 받으시는 것입니다.

17

항상 감사하는 것이 믿음이다

✳

우리는 보통 특별한 일이 생겨야 감사합니다. 정말 좋은 일이 생기면 감사헌금도 드립니다. 하지만 현실에서 특별하게 좋은 일이 없으면 감사하지 않습니다. 그런데 주님은 주님만으로 감사하는 자에게 놀라운 축복을 주시는 분입니다. 감사할 것이 하나도 없어 보이는 상황에서도 감사하는 사람에게 주님은 축복을 주십니다. 그래서 우리는 아주 작은 일부터 감사해야 합니다.

작은 것에 감사할 때 일어나는 기적

감사는 하루아침에 만들어지지 않기 때문에 부단히 우리는 감사를 훈련해야 합니다. 우리가 스스로 하지 않으면 주님이 우리를 훈련시키십니다. 이 훈련을 통과하면 감사의 영성이 만들어지는 것입니다.

하나님은 이스라엘 민족들을 애굽에서 탈출시키신 후 바로 광야로 데리고 들어가십니다. 그리고 긴 훈련이 시작됩니다. 만나를 통해서, 메추라기를 통해서, 물을 통해서 그들은 훈련을 받습니다. 그러나 안타깝게도 그들은 훈련에 실패했습니다. 감사할 줄 모르는 그들에게 하나님께서는 분노하십니다.

이스라엘 민족의 가장 큰 낭비는 원망과 불평이었습니다. 일평생 도움이 안 되는 것이 불평과 원망입니다. 그들이 감사했다면 성경의 역사는 바뀌었을 것입니다. 우리는 역사를 통해서 교훈을 얻어야 합니다.

요한복음 6장을 보면 오병이어의 기적 이야기가 나옵니다. 이 이야기의 핵심이 무엇인지 아십니까? 예수님께서 제자 빌립에게 물어보십니다.

"우리가 어디서 떡을 사서 5천 명이 넘는 사람들을 먹이겠느냐?"

이렇게 말씀하신 것은 친히 어떻게 하실지를 아시고 빌립을 시험하고자 하신 것이었습니다. 빌립은 어려운 상황만 자꾸 이야기합니다. 그때 안드레가 한 아이의 도시락을 가지고 왔습니다. 그 도시락 안에는 빵 다섯 개와 물고기 두 마리가 있었습니다. 그러면서 안드레가 예수님께 이렇게 말합니다.

"그러나 이것이 이 많은 사람에게 얼마나 되겠사옵나이까?"

제자들과는 달리 예수님은 그 작은 도시락을 소중하게 생각하셨습니다. 그리고 그 도시락을 축사하신 후에 사람들에게 나눠주기 시작하십니다. 여기서 축사하셨다는 것은 바로 감사하셨다는 것입니다. 그리고 우리가 잘 아는 그 놀라운 기적이 일어납니다. 5천 명이 넘는 그 많은 사람이 마음껏 먹고 남은 떡이 열두 바구니에 찼습니다.

아주 작은 것에서부터 감사해보십시오. 작은 감사가 큰 감사를 가지고 옵니다. 이것이 성경적인 원리입니다.

옆에서 누가 아무리 비관적인 이야기를 하더라도 개의치 말고 믿음의 눈을 뜨십시오. 감사는 현재 눈에 보이는 것 그 너머를 보는 믿음에서 나옵니다. 예수님은 남자만 5천 명이 넘는 사람들을 먹이실 하나님의 역사하심을 믿으셨기 때문에 미리 감사기도를 드리셨습니다.

감사의 씨앗을 심으라

감사하는 마음은 씨앗입니다. 감사하는 마음은 작은 것 같지만 그것을 하나님께 심으면, 하나님께서 반드시 열매를 맺게 하십니다. 하나님은 우리가 일상생활에서 올려드리는 작은 감사를 아주 소중하게 생각하십니다.

어떤 사람이 신앙적으로 성숙한 사람일까요? 바로 작은 것에 감사하는 사람입니다. 그리고 그 감사가 우리의 인생과 신앙을 결정하는 것입니다. 이런 감사에 이르지 못했다면 우리의 신앙은 아직도 어떤 단계에 오르지 못한 것입니다. 앞으로도 갈 길이 멀다는 말이죠. 그렇다면 더 훈련받아야 합니다.

우리 눈에는 보이지 않지만 수많은 크리스천 이마에는 이렇게 쓰여 있습니다.

'훈련 중.'

하나님께서는 작은 것에 감사하지 않는 사람에게 절대 큰 것을 주지 않으십니다.

우리가 7월 첫째 주일에 지키고 있는 맥추감사절은 첫 곡식 수확을 기념하는 감사의 절기입니다. 농사가 다 끝나고 풍성한 수확을 해서 감사하는 것이 아닙니다. 농사는 다 끝나지 않았지만 풍성하게 채워주실 주님을 믿으며 첫 열매를 감사로 드리는 날이 맥추감사절입니다. 주님은 첫 열매를 바치는 것을 아주 중요하게 생각하셨습니다.

네 재물과 네 소산물의 처음 익은 열매로 여호와를 공경하라 그리하면 네 창고가 가득히 차고 네 포도즙 틀에 새 포도즙이 넘치리라 잠 3:9,10

저는 어려서부터 첫 열매를 하나님께 드리라고 부모님께 배였습니다. 대학 가서 어쩌다 운이 좋아서 처음 등록금의 일부분을 장학금으로 받았을 때 저는 이것을 헌금으로 드려야 하는지 약간의 고민을 했습니다. 그러다 주님께 전액을 헌금으로 드렸습니다. 그랬더니 주님께서 많은 사람을 통해 제 공부를 도와주게 하셨습니다.

공부를 가장 잘하는 대학원생이 일주일에 한두 번씩 공부를 도와줬고 전공 교수님도 도와주셨습니다. 어느 날은 전공 교수님께서 강의 시간에 숙제로 내준 연습문제가 너무 어려웠습니다. 그래서 저는 강의 끝나고 혼자 교수님께 질문을 하러 갔습니다. 교수님께서는 질문을 하러 갈 때마다 저에게 과외수업하듯이 서너 시간씩 연습문제를 풀어주셨습니다. 참 기이한 일이었습니다.

그때는 그 교수님이 존경스러웠지만 이제야 그 뒤에 하나님이 계셨음을 압니다. 저는 그 후 졸업할 때까지 전액 장학금을 받고 졸업을 했습니다. 그리고 아르바이트해서 처음 번 월급 전액을 드렸고, 강연을 처음 시작했을 때 받은 첫 강연비도 전액을 주님께 기쁘게 드렸습니다. 이렇게 첫 열매를 주님께 드리자 주님은 늘 놀랍게 갚아주셨습니다.

감사하는 사람이 누리는 자유함

《들어 쓰심》이라는 책을 쓰신 안찬호 선교사님은 아프리카의 마사이족 24개 지역에 복음을 전했습니다. 죽을 고비를 몇번이나 넘기고 케냐 사람들조차 두려워하는 마사이족을 섬기며, 하나님의 산 역사를 맛봅니다.

마사이 지역에서 가장 힘든 일은 건기에 소를 몰고 이동을 하는 것입니다. 건기는 대략 4월부터 10월까지인데, 4월부터는 물과 풀을 찾아 이동해야 합니다. 마사이 사람들은 예수님을 믿지 않을 때는 식구가 다 같이 떠나곤 했습니다. 하지만 예수님을 믿고 난 후에는 교회를 지키며 신앙생활을 하기 위해 각 집안의 대표들이 논의해서 공동으로 이동시켰습니다.

추장이 몇 사람들과 함께 소들을 데리고 물이 있는 킬리만자로산으로 출발했습니다. 떠나는 날 마을 사람들은 찬양을 부르며 그들을 기도로 전송했고, 뒤이어 수백 마리의 소 떼가 함께 이동하는 장관이 연출되었습니다. 그들은 비가 내리기 시작하는 10월 말쯤 되어서야 돌아왔는데, 모습이 말이 아니었습니다. 소들도 너무 지쳐 있었고 갑자기 내린 비 때문에 많은 소들이 죽었습니다. 추장의 소가 모두 153마리였는데 그곳에서 무려 91마리가 죽었습니다. 안찬호 선교사님은 추장의 소가 많이 죽었다는 말에 걱정이 되었습니다. 만약 추장이 "나는 더 이상 예수 안 믿는다. 믿으면 뭐 하나? 제대로 되는 것도 없는데…"라고 하면서 부족민들에게 "너희들도 맘대로 해라"라고 한다면 모두 추장을 따를 것만 같았습니다. 선교사님은 기도했습니다.

"하나님 추장을 지켜주옵소서. 그 마음이 변하지 않게 하옵소서."

주일이 되었는데도 교회 분위기가 썰렁했습니다. 전처럼 신나는 일도 없었습니다. 모든 사람이 와서 즐겁게 예배를 드려야 하는데, 워낙 많은 소를 잃어 침통한 분위기였습니다. 예배가 시작되어 찬양하는데, 추장은 여전히 모습을 나타내지 않았습니다. 그때, 밖에서 소 울음소리가 났습니다. 추장이 흰 소를 몰고 교회에 온 것입니다. 흰 소는 마사이 사람들이 성스럽게 여기는 것으로 보통 축제 때나 제사를 지낼 때 잡습니다.

선교사님은 추장에게 어찌 된 일인지 물었습니다. 부족민들은 수군거렸고 선교사님은 긴장하고 있었습니다. 추장은 앞에 나서자마자 "할렐루야!"라고 소리쳤습니다.

"이번에 예수님이 저를 얼마나 사랑하시는지 깨달았습니다. 너무나도 감사해서 가장 좋은 소를 하나님께 감사예물로 드립니다."

모든 사람이 깜짝 놀랐습니다.

"하나님께서는 제 소를 91마리나 죽이셨습니다. 처음에는 너무 야속했는데 계속해서 죽어가는 소를 보고 기도했습니다. '하나님 지켜주옵소서. 살려주옵소서. 저는 아무것도 할 수 없습니다.' 그때, 하나님의 능력을 보았습니다. 하나님은 더 이상 소를 죽이지 않으셨습니다. 91마리를 죽일 수 있는 분이라면 153마리 전부를 죽일 수도 있었습니다. 그런데 제 기도를 들으시고 더 이상 죽이지 않으셨습니다. 하나님이 저를 사랑하시고 제 기도를 들으신다는 것을 확실히 알게 되었습니다. 그래서 너무도 감사해서 이 소를 하나님께 드립니다. 하나님 정말 감사합니다."

선교사님은 이렇게 생각했습니다.

'와, 추장이 나보다 더 큰 믿음을 가지고 있구나.'

감사는 조건이 아니라 믿음의 문제입니다. 우리 신앙생활의 문제입니다. 그래서 중요합니다. 어려운 상황을 만나더라도 감사하십시오. 그것이 바로 믿음입니다.

지금 상황이 아무리 암담하다 하더라도 믿음의 사람은 현재 상황 그 너머를 봅니다. 눈에 보이지 않는 영적인 세계를 바라봅니다. 현실의 상황에 갇히지 않습니다. 그래서 감사하는 사람은 주님이 주시는 자유함을 누립니다. 이 자유함은 우리 크리스천의 특권입니다! 세상에 감사하는 자를 흔들 수 있는 것은 아무것도 없습니다.

18

말이 씨가 된다

＊

혹시 '말이 씨가 된다'라는 말 들어보셨나요? 이번 장에서는 말의 중요성에 대해 함께 나누려고 합니다.

저는 수학 강사입니다. 많은 학생을 가르쳐왔고, 지금도 가르치고 있습니다. 저는 학생들을 볼 때 그 학생이 하는 말을 유심히 관찰합니다. 왜냐하면 그 학생의 말하는 습관만 봐도 그 학생이 앞으로 수학을 잘할지 못 할지 알 수 있기 때문입니다.

긍정적인 말의 힘

저는 많은 학생을 명문대에 보낸 선생님으로 알려져 있습니다. 제가 가르쳐서 명문대에 진학했던 많은 학생이 다 하나님을 믿는 학생은 아니었지만, 그들에게는 하나의 공통점이 있었습니다. 그들의 언어가 상당히 긍정적이라는 것입니다. 반대로 아무리 가르쳐도 성적이 오르지 않는 학생들이 있습니다. 그들에게도 공통점이 있었습니다. 그 학생들의 언어는 늘 부정적이었습니다. 언어가 부정적인 학생들은 간식으로 치킨을 사줘도 불만을 말합니다.

"선생님! 왜 거기서 치킨을 시키셨어요! 오늘 양념이 맛이 없는데요? 아, 왜 이렇게 뼈가 많아요?"

제가 원하는 대답은 "감사히 잘 먹겠습니다!" 이거 하나인데, 그 학생들은 농담으로라도 불만을 말합니다. 언어가 부정적인 학생들은 시험을 앞두고 "난 망했어"라는 말도 서슴없이 합니다. "저는 수학에 재능이 없어요" 이런 말도 아주 쉽게 합니다.

세상을 살아가다 보면 부정적인 생각들이 자신도 모르게 머릿속에 들어오는 경우가 있습니다. 우리는 너무나 연약하기 때문에 갑자기 힘든 일을 만나게 되거나 어려운 상황을 만나게 되면 부정적인 생각이 들기도 합니다. 하지만 그 생각을 방치하고 더 키우는 것은 자신의 책임입니다.

"지나가던 새가 우리 머리 위에 앉을 수는 있다. 그러나 우리는 그 새가 머리 위에서 둥지를 틀지 못하게 할 수 있다."

종교개혁자 마르틴 루터의 말입니다.

부정적인 생각을 계속 품다 보면 그것을 말로 직접 표현하게 되고 부정적인 말은 다시 부정적인 생각을 부르게 됩니다. 부정적인 말은 중독성이 있어서 하면 할수록 그 정도가 심해지고 양도 많아집니다.

사람의 말에는 엄청난 힘이 있습니다. 따라서 부정적인 생각이 들더라도 그것을 말로 내뱉는 것은 절대로 하면 안 됩니다. 부정적인 말을 하는 순간 그 말이 자신에게 바로 영향을 끼치게 됩니다. 말은 온몸에 진동과 파동을 일으켜 나오는 물리 작용이기도 합니다. 내가 한 말이 다시 내 귀를 통에 뇌에 전달되고 호르몬에도 영향을 끼치게 되죠. 즉 내가 한 말은 부메랑처럼 나에게 다시 돌아옵니다. 마태복음 12장 36,37절에서 예수님은 이렇게 말씀하십니다.

"사람이 무심코 내뱉은 사소한 말이라도 심판의 날에는 책임을 져야 한다. 네 말에 근거하여 네가 의롭다고 판정을 받을 수도 있고, 죄가 있다고 판정을 받을 수도 있다"(쉬운성경).

아이가 말하는 습관은 부모를 닮는다

우리의 뇌는 안타깝게도 부정적인 감정을 더 오래 기억합니다. 이는 스스로 보호하기 위함인데 보통 이런 부정적인 생각과 말의 원인은 부모에게 있는 경우가 많습니다. 아이들은 8세 이전에 평균 7만 개 이상의 부정적인 명령문을 듣는다는 통계가 있습니다. 아이들은 부모의 부정적인 말을 들으면 그것을 거부하면서도 동시에 자신의 자아 이미지로 받아들이게 되죠. 부정적인 마인드나 말투가 부모에게서 아이에게로 대물림되는 것입니다. 하지만 부모들은 자신의 잘못은 인식하지 못하고 아이를 둘러싼 모든 문제가 아이의 탓이라고 생각하기 쉽습니다.

"아이들은 처음에는 부모를 무조건적으로 사랑하지만 시간이 지나면 부모를 판단한다. 그리고 대부분 부모를 용서하지 않는다"라는 오스카 와일드의 말처럼 현재의 아이들은 부모를 사랑하지만 또한 부모에게 화나 있습니다.

이런 부분은 부모님과 함께 상담할 때 확실히 드러나곤 하는데, 한번은 상담 중에 아이가 옆에 있는데 그 엄마가 충격적인 말을 해서 깜짝 놀랐습니다.

"우리 애는 머리가 나쁜 것 같아요. 우리 애는 수학에 소질이 없어요. 우리 애가 수학을 너무 싫어해요."

이런 말이 바로 자녀를 망치는 말입니다. 부모님이 자녀에게 저주의 마법을 걸고 있는 것입니다. 심지어는 "제가 학교 다닐 때 수학을 정말 싫어했는데 애가 저를 닮았나 봐요. 수학을 못하는 게 저희 집안의 내력이에요"라는 말을 듣고 깜짝 놀란 적이 있습니다.

부모님이 최소한 수학을 싫어했다는 말만은 해서는 안 됩니다. 아이들은 무의식적으로 부모와 자신을 동일시하는 심리가 있기 때문입니다. 선생님인 제게 이런 식으로 말할 정도면 집에서는 어떨까요? 더 심하지 않을까요? 이런 학생들이 수학을 좋아하고 잘하기는 정말 어려울 것입니다. 이렇듯 상담해보면 아이의 부정적인 말의 습관은 부모님과 너무나 똑같습니다.

말하는 대로 이루어진다

제가 학창 시절에 온 가족이 모여서 식사를 할 때 갑자기 머릿속에 드는 엉뚱한 생각을 말로 내뱉은 적이 있습니다.

"할머니! 왜 우리집은 도둑이 안 들죠?"

그때 할머니가 저에게 엄청 화를 내셨습니다. 말이 씨가 된다고 했는데 네가 아무리 철이 없어도 그렇지 어떻게 그렇게 말을 막하냐며 엄청 화를 내셨습니다. 저는 마음이 상했습니다. 속으로 '저렇게까지 화를 내실 필요가 있나?'라고 생각했습니다. 그런데 그날 밤에 집에 도둑이 들었습니다. 더 놀라운 것은 3일 후에 다른 도둑이 또 들었다는 것입니다.

하나님은 노예 생활을 하던 이스라엘 백성들을 애굽에서 탈출시키시고 젖과 꿀이 흐르는 비옥한 땅인 가나안을 약속하셨습니다. 그리고 가나안 앞에 도착해서 이스라엘 백성 중 열두 명의 정탐꾼을 뽑아 가나안 땅에 정탐을 보내셨죠. 그런데 정탐꾼 중 여호수아와 갈렙을 제외한 열 명은 갔다 와서 이스라엘 백성들에게 부정적인 이야기를 합니다.

"그 땅에 사는 사람들은 체격이 너무 커요. 그들은 거인 같고 그에 비하면 우리는 메뚜기 같아요. 우리는 그들을 절대로 이길 수가 없어요!"

그 부정적인 말을 들은 이스라엘 백성들은 하나님께 불평, 불만을 쏟아내게 됩니다. 그러자 하나님은 믿음 없는 열 명의 정탐꾼과 이스라엘 백성에게 크게 화를 내시며 이렇게 말씀하십니다.

"너희 말이 내 귀에 들린 대로 내가 너희에게 행하리니"(민 14:28).

하나님께서는 여호수아와 갈렙을 제외한 20세 이상의 이스라엘 백성들이 평생 가나안 땅에 들어가지 못하게 벌하십니다. 모세 역시 가나안 땅에 들어가지 못합니다. 그들은 하나님이 이미 가나안 땅을 주셨음에도 받지 못하고 사막에서 생을 마쳤습니다. 반면 하나님의 약속을 신뢰한 여호수아와 갈렙은 가나안 땅에 들어가는 축복을 받게 됩니다.

언어 습관을 바꾸면 인생이 바뀐다

부정적인 언어 습관을 바꾸지 않으면 절대 행복한 삶을 살수 없습니다. 축복을 받을 수도 없습니다. 우리는 앞으로 살아가면서 분명 어려움과 시련을 계속 만나게 될 것입니다. 하지만 중요한 것은 어떤 상황과 고난이 오더라도 불평하지 않는 것입니다. 그리고 우리가 겪는 고난은 실제로 고난이 아닌 경우도 많습니다. 시간이 지나 보면 고난인 줄 알았던 일이 축복인 경우도 많습니다. 그래서 저는 고난이 오면 먼저 입을 닫습니다. 말을 아낍니다. 왜냐하면 이것이 정확히 어떤 상황인지는 시간이 지나 봐야 알 수 있기 때문입니다.

여호수아서 1장 8절에서 "이 율법책을 네 입에서 떠나지 말게 하며 주야로 그것을 묵상하여 그 안에 기록된 대로 다 지켜 행하라 그리하면 네 길이 평탄하게 될 것이며 네가 형통하리라"라고 말하고 있습니다.

성경을 읽을 때도 소리를 내서 읽는 것이 유익합니다. 말씀을 조용히 마음속으로 묵상할 수도 있지만 소리를 내어 선포할 때 더 큰 힘을 발휘합니다. 하나님은 말씀으로 세상을 창조하셨습니다. 또한 말씀이 육신이 되어 예수님의 모습으로 우리 가운데 오셨습니다(요 1:14). 예수님은 말씀으로 병든 자를 치유하셨고 죽은 자를 살리셨습니다. 이렇듯 성경은 말의 능력과 힘을 강조합니다.

우리의 말이 우리의 인생을 바꿉니다. 오늘부터 말하는 습관을 긍정적으로 바꿔서 하나님께서 주시는 큰 축복을 받기를 바랍니다.

19

주님을 깊이 사랑하라

✳

하나님께서 우리에게 원하시는 것은 무엇일까요? 저는 예전에 열심히 노력해서 돈을 많이 벌어서 좋은 일에 쓸 수 있도록 헌금을 많이 하는 것이 가장 중요하다고 생각한 적이 있습니다. 그러나 그것은 주님이 원하시는 우선순위가 절대로 아닙니다. 주님이 정말 원하시는 것은 바로 우리가 주님을 뜨겁게 사랑하는 것입니다.

가장 중요한 계명

마가복음 12장을 보면 사람들이 예수님에게 가장 중요한 계명이 무엇인지 묻습니다. 그때 예수님이 가르쳐주십니다.

"네 마음을 다하고 목숨을 다하고 뜻을 다하고 힘을 다하여 주 너의 하나님을 사랑하라"(마 12:30).

주님을 사랑하는 것이 가장 중요하다고 성경에 분명히 나와 있습니다. 당신은 주님을 진정 사랑합니까? 주님을 위해 무엇을 하려고 하기보다 주님을 사랑해야 합니다. 주님은 지금도 우리의 사랑 고백을 너무나 기다리십니다.

우리는 상대방이 어떤 상황에서도 한결같이 나를 사랑해주기를 바랍니다. 인간의 사랑받고자 하는 갈망, 그 사랑의 유전자는 바로 주님에게서 온 것입니다. 주님도 어떤 상황에서도 사랑한다는 말을 우리에게 너무나 듣고 싶어 하십니다.

우리는 주님의 신부입니다. 천국에 들어갈 때 그분이 우리에게 반지를 끼워주실 겁니다. 그런데 문제는 신부가 신랑에게 항상 뭘 달라고만 합니다.

"가방 사주세요! 옷 사주세요! 차 사주세요!"

사랑한다는 말은 절대 안 합니다. 한 적도 없습니다. 신부가 신랑을 진짜로 사랑하는지조차 잘 모르겠습니다. 항상 보기만 하면 돈을 달라고 합니다. 돈을 주면 한동안 말도 안 시킵니다. 문을 닫고 방에 들어가 버립니다. 돈을 보고 결혼한 것 같기도 합니다.

많은 사람이 주님의 마음은 신경 쓰지도 않고 원하는 것만 얻어내려고 합니다. 무엇을 얻어낼 때만 기도합니다. 시련이 오면 기도하지만 평안한 삶을 살 때는 다시 주님에게서 관심이 멀어집니다.

기도는 우리가 원하는 것을 단순히 얻기 위한 시간이 아닙니다. 주님은 우리가 무엇을 구하지 않을 때도 주님을 찾기를 바라십니다. 매 순간 주님을 잊지 않기를 바라십니다. 우리가 주님만 찾으며 주님 안에 거하기 위해 기도할 때 주님은 행복해하십니다.

'어떤 상황에서도 주님만 함께하시면 저는 만족합니다. 주님 한 분이면 저는 충분합니다.'

주님은 이런 사랑을 받고 싶어 하십니다.

기도는 주님과 만나는 친밀한 시간

주님은 우리와 늘 함께 대화하고 싶어 하십니다. 주님과의 친밀한 교제, 그것이 바로 기도의 본질입니다. 예수님은 우리에게 "쉬지 말고 기도하라"라고 말씀하셨습니다. 저는 이제야 그 말씀이 정확하게 이해가 갑니다. 저는 기도를 시작할 때 이렇게 기도합니다.

'주님! 주님과 지금부터 좋은 시간 보내고 싶어요. 성령님, 저를 지금 깊이 만나주세요. 주님과 깊은 교제에 들어가기를 원합니다.'

저는 예전에 기도를 짧게 해도 된다고 생각할 때가 있었습니다. '핵심만 간단히 집중해서 기도하면 되지 기도를 오래 할 필요가 있나?' 하는 생각이 들었습니다. 이제야 아니라는 것을 압니다. 기도는 주님과 만나는 친밀한 시간입니다. 충분한 시간이 필요합니다. 깊이 들어가야 합니다. 우리는 사랑하는 사람과 오랜 시간 있고 싶지 '어짜피 사랑하니까 매일 5분만 만나면 돼'라고 하는 것은 좀 이상하지 않습니까? 저는 요즘 일을 조금 줄이고 매일 아침 주님과 친밀한 시간을 보냅니다. 찬양으로 시작해서 말씀을 보고 기도하고 나서 하루를 시작합니다.

기도 시간이 충분해야 하는 또 다른 이유가 있습니다. 기도 시간이 짧으면 우리는 우선적으로 일상에서 긴급한 기도만 하고 맙니다.

내가 필요한 것, 원하는 것만 들어달라는 기도만 할 수밖에 없습니다. 하지만 기도 시간이 충분하면 다른 사람들의 기도 제목을 놓고 중보기도를 할 수 있습니다. 제 기도수첩에는 다른 사람의 이름이 50개가 넘습니다. 이분들을 위해 저는 매일 중보기도를 합니다.

시간이 많이 걸릴 수밖에 없습니다. 기도 시간이 충분히 확보되면 이렇게 하나님께서 기뻐하시는 중보기도와 하나님을 높여드리는 기도, 하나님께서 시키시는 기도를 할 수 있게 됩니다. 이때부터 드디어 우리는 기도의 사람이 되는 것입니다.

우리는 사랑하는 사람이 생기면 늘 같이 있고 싶어집니다. 함께 밥도 먹으러 가고 싶고 영화도 보러 가고 싶고 아름다운 자연 속을 걸으며 커피도 한 잔 마시고 싶습니다. 주님도 마찬가지입니다. 그분은 우리와 항상 함께하기를 바라십니다. 우리를 너무나 사랑하시기 때문입니다.

우리는 사랑하는 사람의 얼굴을 늘 살핍니다. 상대방의 현재 감정이 어떤지, 느낌이 어떤지 살핍니다. 똑같습니다. 우리는 하나님의 마음이 어떠신지 그분이 나로 인해 속상하지 않으신지 살펴야 합니다.

주님과 깊은 사랑에 빠지십시오. 거기에 세상의 모든 비밀이 다 있습니다. 우리도 사랑하는 사람만 있으면 다른 것은 필요 없다고 생각할 때가 있지 않았습니까? 주님은 우리의 모든 순간을 함께하는 그런 사랑을 원하십니다. 여기서 핵심은 '모든 순간'입니다.

나를 사랑하는 자들이 나의 사랑을 입으며 나를 간절히 찾는 자가 나를 만날 것이니라 잠 8:17

매 순간 주님과 동행하라

하루에 기도하고 말씀 보는 시간 외에는 주님을 잊고 하루를 사는 사람이 있습니다. 하나님은 매 순간을 우리와 동행하시기를 원하십니다. 우리가 중요한 일이든, 사소한 일이든 어떤 일을 할 때도 주님과 상의하고 대화하며 함께 결정하기를 원하십니다.

우리가 밥을 먹을 때도 "주님, 오늘 국이 좀 짜네요! 주님, 이 채소는 엄청 맛있어요!"라고 하고, 커피를 마실 때도 "주님, 커피 향기가 너무 좋아요!"처럼 마음속으로 친밀하게 대화하기를 원하십니다. 아무도 주님에게 말을 건네지 않는다면 종일 주님이 얼마나 외로우실까요?

우리는 주님에게서 위로받기를 원합니다. 하지만 위로는 주님도 받고 싶어 하십니다. 부모가 아기를 돌볼 때 사랑을 주기만 하는 것이 아니라 아기에게서 사랑과 위로도 함께 받습니다. 주님께서 우리와 매 순간 동행하시는 이유는 우리를 지키고 인도하길 원하시는 것도 있지만 주님께서도 사랑과 위로를 받고 싶어 하시기 때문입니다.

주님도 마음 아파하실 때가 있고 눈물을 흘리실 때가 있습니다. 그때 우리가 주님을 위로해드려야 합니다. 자녀가 "아빠 엄마가 세상에서 진짜 최고예요! 너무너무 감사하고 정말 사랑해요!"라는 말을 한다면 부모에게 이것보다 더 기쁜 일이 있을까요? 기도할 때도 "주님! 오늘은 제가 무엇을 도와드릴까요?"라고 기도해야 합니다.

이제 순간순간 주님을 기억하면서 "주님, 사랑합니다. 주님이 최곱니다. 주님 한 분이면 충분합니다. 주님은 정말 좋으신 분입니다"라고 고백해야 합니다. 한번 해보시겠습니까? 혹시 좀 쑥스럽더라도 괜찮습니다. 처음에는 다 그런 것입니다. 연애할 때도 사랑한다는 말을 꺼내는 것이 처음에만 어색하지 조금 지나면 아주 자연스러워집니다. 직접 고백해보길 바랍니다.

"주님 사랑합니다. 세상 그 어떤 것보다도 저는 주님을 사랑합니다. 주님이 최고입니다. 주님만으로 저는 충분합니다. 저는 주님이 너무 좋습니다. 제가 어떤 일을 겪더라도 저는 주님의 선하시고 신실하심을 믿습니다. 저는 주님을 신뢰합니다!"

매 순간 주님을 기억하면서 주님께 신뢰와 사랑을 고백하면 주님께서 너무나 기뻐하실 겁니다.

주님은 사랑이신 분

주님은 먼저 우리를 너무나 사랑하셨습니다. 아무것도 부족함이 없으신 하나님께서 우리를 위해 인간이 되어 죽으러 오셨습니다. 가난한 사람의 마음도 아시는 것을 보여주시기 위해서 태어날 때도 말구유에서 태어나셨습니다.

인간이 되셔서 인간의 고통을 직접 겪으셨습니다. 사람들에게 배신도 다 직접 겪으셨습니다. 사람들의 침 뱉음과 조롱도 겪으셨고 육체의 고통도 겪으셨고 직접 죽음도 겪으셨습니다. 주님은 우리의 마음을 너무나 잘 아십니다.

이제 주님에게 사랑을 표현하십시오. 저는 자면서도 "주님 사랑합니다"를 외치며 잡니다. 혼자 운전할 때도 "주님 사랑합니다"라고 고백합니다. 제 마음을 그렇게 표현하고 싶기 때문입니다. 이토록 부족한 저를 너무나 한결같이 사랑해주시는 주님이 너무 좋고 감사하기 때문입니다.

제가 죄를 또 지어도 회개하면 용서해주시고 또 넘어지면 손을 잡아주시고 일으켜주시는 주님이 너무 고마워서 죄를 짓지 않으려고 노력하며 사랑 고백을 합니다. 우리가 사랑 표현할 때 양손으로 크게 머리 위에 하트를 만들기도 하고 사진 찍을 때 손가락으로 하트 모양을 만들기도 합니다. 이제 그런 표현을 주님께도 하십시오. 주님은 그런 하트를 받을 자격이 충분히 있으십니다.

주님이 어떤 분인지 하나의 단어로 표현한다면 그분은 '사랑'이십니다. 로마서 5장을 보면 주님은 우리가 연약할 때도, 우리가 죄인 되었을 때도, 우리가 원수 되었을 때도 우리를 사랑하셨습니다.

주님은 아무 조건 없이 우리를 사랑하셨습니다. 이제 우리도 아무 조건 없이 주님을 사랑합시다! 사랑은 좋을 때나 안 좋을 때나 한결같아야 사랑입니다. 주님은 먼저 모범을 보여주셨습니다. 우리가 하나님께 죄를 짓고 죄악의 한가운데에 있을 때도 우리를 사랑하셨습니다.

우리가 아직 죄인 되었을 때에 그리스도께서 우리를 위하여 죽으심으로 하나님께서 우리에 대한 자기의 사랑을 확증하셨느니라

롬 5:8

혼히 연인 사이에서 사랑을 표현하기 위해 "나는 너를 위해 죽을 수도 있어. 내 목숨도 아깝지 않아"라는 말을 하곤 합니다. 말은 이렇게 하지만 사실은 말뿐인 경우가 대부분입니다. 하지만 하나님께서는 이것을 행동으로 보여주셨습니다. 하나님은 죽으실 수 없으시기에 인간이 되셨고, 우리를 위해 십자가에서 진짜로 죽으셨습니다. 죽기까지 우리를 사랑하신다는 것을 행동으로 증명하신 것입니다.

하나님께서 말씀하십니다. "나를 사랑하는 자를 구원할 것이다. 내 이름을 높이는 자를 내가 보호해 줄 것이다. 그가 나를 부르면 내가 그에게 대답할 것이다. 그가 어려울 때, 내가 그와 함께 있을 것이다. 내가 그를 구원하고 그를 높여 줄 것이다. 그를 오래 살게 해 줄 것이며, 나의 구원을 그에게 보일 것이다."

시 91:14-16, 쉬운성경

요즘 많이 힘드신가요? 힘든 일이 있으면 마귀는 주님의 사랑을 의심하게 만들고 주님을 원망하게 만들려고 노력합니다.

그래서 우리가 목자에게서 멀어지면 우리를 잡아먹으려고 합니다. 마귀에게 또 속지 마시고 어떤 일이 생기더라도 주님의 신실하심을 믿고 주님에게 매 순간 사랑을 고백하며 새로운 날을 선물로 주신 주님과 행복한 하루를 보내기를 바랍니다.

PART

4

사랑으로
가르치고
빛으로 키워라

20

오직 나와 내 집은 여호와를 섬기겠노라

＊

얼마 전에 경기도 광주에 있는 아버지 산소에 다녀왔습니다. 아버지의 묘비에는 여호수아서 24장 15절 말씀이 쓰여 있습니다.

"오직 나와 내 집은 여호와를 섬기겠노라!"

저는 묘비에 있는 이 말씀을 보다가 문득 아버지께서 묘비에 왜 이 말씀을 쓰기를 바라셨을까 생각해보았습니다. 저는 집에 돌아오자마자 여호수아서 24장을 폈습니다. 24장은 여호수아서 맨 마지막 장입니다.

여호수아의 마지막 경고

여호수아는 모세와 함께 이스라엘 백성을 광야에서 40년 동안 이끈 사람입니다. 모세가 죽자 여호수아는 모세의 후계자가 되었습니다. 하나님은 여호수아에게 가나안 정복과 이스라엘 민족의 정착을 명령하십니다.

여호수아는 명령대로 가나안의 남부, 중부, 북부 연합군과 싸워 이깁니다. 그리고 이스라엘 백성들은 싸워서 얻은 가나안 땅을 지파별로 모두 나누어 가졌습니다. 하지만 힘이 강한 족속들을 이겼을 뿐 가나안 곳곳에 남은 족속들을 진멸하는 일이 아직 남아 있었습니다. 여호수아는 이스라엘 백성들이 가나안 사람들과 교류하면서 우상에 빠져드는 모습을 보며 하나님의 진노와 심판을 두려워합니다.

여호수아는 110세가 되어 죽을 때가 되자 이스라엘 온 지파와 장로들과 지도자들과 재판관들과 관리들을 불렀습니다. 그리고 마지막 인사와 함께 유언을 남깁니다. 이때 여호수아는 경고합니다. 가나안 사람들은 우상을 섬기고 있기 때문에 그들과 절대로 친구가 되지 말고 그들과 결혼하면 안 된다고 말합니다. 그렇게 되면 그들의 영향을 받아 우상숭배로 빠져들게 되고 결국 하나님의 진노를 받아 큰 괴로움을 당할 거라고 경고합니다. 드디어 이렇게 좋은 땅에서 살게 되었는데 하나님께 멸망당하지 않게 경고합니다. 여호수아가 이스라엘 사람들에게 마지막으로 말합니다.

여러분은 오늘 스스로 선택하시오. 누구를 섬길 것인가를 결정하시오. 여러분은 여러분의 조상이 유프라테스 강 저쪽에서 경배하던 신들을 섬길 수도 있고, 이 땅에 살던 아모리 사람들의 신들을 섬길 수도 있소. 그러나 나와 내 후손은 여호와를 섬기겠소. 수 24:15, 쉬운성경

그러자 백성들이 대답했습니다.

우리는 결코 여호와를 저버리지 않을 것입니다. 우리는 결코 다른 신들을 섬기지 않을 것입니다. 수 24:16, 쉬운성경

하지만 31절을 보면 안타까운 말씀이 기록되어 있습니다.

이스라엘 사람들은 여호수아가 살아 있는 동안 여호와를 섬겼고, 여호수아가 죽은 후에도 계속해서 여호와를 섬겼습니다. 그들은 장로들이 살아 있는 동안에도 계속해서 여호와를 섬겼습니다. 이 장로들은 여호와께서 이스라엘 사람들을 위해 하신 일들을 본 지도자들이었습니다. 수 24:31, 쉬운성경

이 말씀은 이스라엘 사람들은 여호수아가 죽고 나서도 하나님을 잘 섬겼지만 장로들이 살아 있을 때까지만 하나님을 섬겼다는 말입니다. 결국 여호수아에게 하나님을 잘 섬기겠다고 맹세했던 사람들은 약속을 지켰지만, 그 자녀들은 신앙의 유산

을 물려받지 못하고 하나님을 떠난 것입니다. 하나님을 잊어버린 그 자녀들은 부모 세대가 살아온 삶의 문화를 이해할 수도 없었고 알려고도 하지 않았습니다.

하나님을 잊어버린 자녀의 결말

여호수아서 24장의 다음 장인 사사기 1장을 보면 이스라엘 사람들은 남아 있는 가나안 족속들과 전쟁을 합니다. 하지만 이스라엘 사람들은 가나안 족속을 진멸하지 않습니다. 이들을 노예로 삼아 노동력으로 활용하는 것을 선택합니다. 결국 그들과 함께 사는 것을 선택한 것입니다.

유목민으로 떠돌며 살았던 이스라엘 민족은 가나안에 들어와 처음으로 땅과 집을 소유하게 되었습니다. 그들은 가나안의 주인이 되었습니다. 이제 풍족하고 평안한 삶을 살게 되었지만, 하나님에 대한 간절함은 점점 작아지고 있었습니다.

하나님은 여리고 성을 점령했을 때 성 안에 살아 있는 모든 것은 다 죽이라고 하셨습니다. 남자와 여자, 젊은이와 노인을 모두 죽이라고 하셨습니다. 그뿐만 아니라 소와 양, 그리고 나귀들까지도 모두 죽이라고 하셨습니다. 저는 이전에 이런 내용을 보고 '이건 좀 너무한 것 아닌가?' 라는 생각을 한 적이 있었습니다. 하나님께서 왜 이렇게까지 하셨을까요? 이스라엘 백성의 결말을 보면 그 이유를 알 수 있습니다.

이스라엘 민족은 가나안 땅에 들어와서 농사를 처음 지어보았습니다. 땅에 씨를 뿌리고 농작물을 가꿔야 했습니다. 그런데 농사를 지어본 경험이 없으니 농사가 잘 안되었습니다. 그래서 가나안 사람들에게 물어보았습니다.

"어떻게 하면 당신들처럼 농사를 잘 지을 수 있습니까?"

가나안 사람들은 비를 주관하는 바알 신을 섬기면 된다고 말했습니다.

농경문화에서 가장 중요한 것은 가뭄이 들지 않게 비가 적절한 때에 내려주는 것입니다. 바알은 폭풍우와 비의 신, 물질을 주는 풍요의 신이었습니다. 바알의 형상을 보면 소의 얼굴을 하고 있는데 농경사회에서 소는 그야말로 절대적인 존재이기 때문입니다. 이스라엘 사람들은 바알뿐만 아니라 아스다롯과 아세라 우상도 섬기기 시작합니다.

이스라엘 사람들이 가나안 땅에서 처음 접한 우상 신앙은 매력적이었습니다. 이들이 믿는 우상 신들은 남신과 여신으로 인간과 같이 부부나 부모의 관계가 형성되어 있고, 그리스 신화의 신들처럼 서로 결혼하고 성적인 관계를 맺기도 합니다. 이것을 보니 그동안 하나님께 드리는 경건한 제사는 단조로워 보였고 재미가 없게 느껴졌습니다.

반면에 가나안의 우상숭배 의식은 자극적이고 흥미롭게 느껴졌습니다. 특히 바알 신앙은 이스라엘 민족이 가나안에 들어가기 500년 전부터 가나안 사람들에게 깊게 뿌리내려 있었는데, 그 방식이 성적으로 대단히 문란했습니다. 사람들은 하늘에서 내리는 비가 신들 간에 성적인 관계가 있을 때 내리는 것으로 믿었기 때문에 가뭄이 들지 않게 하늘에서 비를 내리게 하려면 신들에게 성적 자극을 줘야 한다고 생각했습니다. 그래서 제사를 지낼 때 남녀 간의 성적인 행위가 필수적이었고 신전에는 항상 창녀들이 있었습니다. 사람들은 바알을 모시는 신전의 창녀들과 성적인 행위로 바알에게 풍요를 빌었습니다.

그리고 이렇게 난잡한 관계에서 아기가 태어나면 그 아기는 보통 희생제물로 바알에게 바쳐서 바알에 대한 자신들의 믿음을 증명하고 바알이 그 이상의 것, 즉 비나 풍요를 내려주기를 바랐습니다.

그뿐만 아니라 왕이나 사제가 제사에서 스스로 몸을 자해하는 행위인 희생 제사도 드렸습니다. 바알 신앙의 특징 중 하나인 애도 의식을 치를 때 칼과 창으로 자신의 몸을 자해해서 피를 내는데, 이것은 열왕기상에서도 볼 수 있습니다. 엘리야와 450명의 바알 선지자가 대결할 때 바알 선지자들이 아침부터 낮까지 아무리 바알의 이름을 불러도 응답이 없자 엘리야가 "당신들이 믿는 바알이 잠깐 외출했는지 아니면 혹시 잠이 들은 것이 아니냐"며 약을 올립니다. 그때 바알 선지자들은 칼과 창으로 자신들의 몸에서 피를 내며 기도를 하는 것을 볼 수 있습니다.

가나안 사람들에게 영향 받아 우상숭배로 타락하게 된 이스라엘 백성에게 마침내 여호와의 천사가 나타나 하나님의 말씀을 전합니다.

"'그러니 너희도 이 땅에 살고 있는 사람들과 언약을 맺지 말며, 그들의 제단을 무너뜨려라' 하고 말했다. 그러나 너희는 나의 말에 복종하지 않았다. 어찌하여 너희가 그와 같이 하였느냐? 이제 내가 하는 말을 잘 들어라. 나는 이 땅의 백성을 쫓아내지 않을 것이다. 그들은 너희의 적이 되어 너희를 괴롭힐 것이며, 그들의 신은 너희에게 덫이 될 것이다." 여호와의 천사가 이 말씀을 전하자, 이스라엘 백성은 소리 높여 울었습니다. 삿 2:2-4, 쉬운성경

부모들에게 신앙을 전수받지 못한 자녀들은 결국 어떻게 되었나요?

여호수아와 같은 시대에 살았던 사람들이 다 죽고, 후에 그들의 자녀들이 자라났습니다. 그 자녀들은 여호와를 알지 못했으며, 여호와께서 이스라엘을 위해 어떤 일을 하셨는지도 알지 못했습니다. 그래서 그들은 악한 일을 하였고, 바알 우상들을 섬

겼습니다. 그들은 여호와께서 보시기에 나쁜 일을 했습니다. 그들은 이스라엘 백성을 이집트 땅에서부터 이끌어내신 조상들의 하나님 여호와를 배반하고, 주변 사람들이 섬기는 신들을 섬기기 시작했습니다. 그 때문에 여호와께서 분노하셨습니다. 이스라엘 사람들은 여호와를 따르지 않고 바알과 아스다롯을 섬겼습니다. 이스라엘 백성에게 화가 나신 여호와께서는 약탈자들이 이스라엘 백성을 공격하여 그들이 가진 것을 빼앗게 하셨습니다. 여호와께서 이스라엘 백성을 주변 원수들에게 넘겨주셨으므로 그들은 적들이 공격해오는 것을 스스로 막아낼 수 없었습니다. 이스라엘 사람들은 싸우러 나갈 때마다 졌습니다. 이는 여호와께서 그들에게 벌을 내리셨기 때문이었습니다. 여호와께서 이미 그들에게 경고하셨던 대로 되었습니다. 그래서 이스라엘 사람들은 많은 괴로움을 겪었습니다. 삿 2:10–15, 쉬운성경

부모가 선택해야 한다

하나님을 안 믿는 사람들이 금송아지를 만든 것이 아닙니다. 하나님을 믿는 사람들이 만들었습니다. 그리고 그들은 그것도 하나님이라고 부릅니다. 우리가 하나님이라고 부르는 그분이 정말 살아 계신 여호와 하나님이 맞습니까? 혹시 실제의 하나님도 하나님으로 부르고 내가 만든 그 무엇도 동시에 하

나님이라고 부르고 있지는 않은지 우리는 이제 스스로 검증해 보아야 합니다.

종교개혁자 마르틴 루터는 우상을 이렇게 설명했습니다.

"당신의 마음이 매달리고 의지하는 것이 무엇이든지, 바로 그것이 당신의 하나님이다. 오직 마음의 신뢰와 믿음이 하나님도 만들고 우상도 만든다."

많은 사람이 마음속에 신을 만듭니다. 그 신은 내 마음대로 조정하기 위해서 만든 우상입니다. 하나님을 우상 섬기듯이 믿으려고 하는 사람들이 있습니다. 그들은 자기가 부릴 수 있는 하나님을 만듭니다. 하나님을 하나님의 뜻에 맞게 믿는 것이 아니라 자기 방식대로 믿으려고 합니다. 하나님을 내가 이용하기 위한 도구로 믿습니다.

그들은 교회는 매주 안 빠지고 나가고 교회에서 봉사도 하고 직분도 있지만 실은 진짜 하나님을 믿는 것이 아니라 내가 만든 하나님을 믿는 것입니다. 그들은 하나님을 하나님으로 예배하고 있지 않기 때문에 진짜 하나님은 고개를 돌리십니다. 그들이 예배한 것은 진짜 하나님이 아니고 실제로는 자신의 욕망입니다. 그들은 자신의 욕망을 예배한 것을 하나님께 예배를 드렸다고 착각합니다. 이스라엘 사람들이 금송아지를 하나님으로 여기며 하나의 제단에서 하나님과 금송아지에게 둘 다 예배를 드렸던 것과 다를 것이 하나도 없습니다. 그들의 예배는 하나님과 상관없는 예배였습니다. 하나님은 우상과 함께 드리는 예배는 절대 받지 않으시기 때문입니다.

지금 시점에서 우리는 우상숭배를 하고 있지는 않은지 진짜 점검해봐야 합니다. 왜냐하면 우리의 천국 가는 문제가 달린 일이기 때문입니다.

이제 선택의 순간입니다. 오직 나와 내 집은 여호와만을 섬기겠노라 선언한 여호수아의 결심을 따르겠습니까?

21

자녀도 우상이 될 수 있다

✳

우리가 가정 안에서 우상으로 만든 것 중 대표적인 예가 자녀입니다. 특히 엄마들에게는 더욱 그렇습니다.

부모는 자녀를 위해서는 어떤 희생도 마다하지 않습니다. 자녀 중심으로 가정의 모든 것이 돌아갑니다. 늘 자녀를 생각하고 자녀에게 헌신합니다. 다른 것은 다 아껴서라도 자녀에게 공부를 시킵니다. 자녀에게 모든 걸 올인합니다. 하지만 자녀에 대한 사랑도 선을 넘으면 이제 우상숭배가 됩니다. 그런데 우상의 가장 큰 특징이 무엇인지 아십니까? 우상은 자신을 섬기는 사람을 반드시 배신한다는 것입니다.

사랑도 도를 넘으면 우상이 된다

〈스카이캐슬〉이라는 드라마가 화제가 된 적이 있습니다. 1회에서 충격적인 장면이 나옵니다. 영재라는 학생이 서울대 의대에 합격합니다. 영재 엄마는 주위 사람들을 불러서 맘껏 자랑하고 파티를 엽니다. 하지만 영재는 곧 가출합니다. 간신히 영재를 찾아낸 엄마에게 영재는 충격적인 말을 합니다. 엄마 아빠의 아들로 살아온 자신의 인생은 지옥이었다고 말입니다. 증오가 가득한 말입니다. 자신은 의사가 되고 싶지 않았다고 말합니다. 그동안 엄마의 무리한 학습 강요와 아빠의 폭력에도 참고 이를 악물고 공부해서 원하는 대로 의대 입학증을 주었으니 이제 되지 않았냐고, 이제는 자신의 마음대로 살겠다고 하면서 부모와의 연을 끊겠다고 합니다. 다시는 집에 돌아가지 않겠다고 말합니다.

19년 동안 영재에게 모든 것을 걸고 키워온 영재 엄마는 자신을 증오하는 아들의 모습에 큰 충격을 받습니다. 도저히 받아들일 수가 없습니다. 자신은 아들에게 좋은 엄마라고 생각했는데 아들의 입장에서 엄마는 악마였던 것입니다. 그 후 부부싸움과 화를 참지 못한 남편의 폭력에 결국 영재 엄마는 눈이 오는 날 총으로 자살을 선택해 생을 마감합니다.

우리는 TV를 보면서 드라마에 등장하는 부모들의 자녀에 대한 사랑이 정상적이지 않다고 생각합니다. 그런데 문제는 우리의 모습을 보시는 하나님도 그렇게 생각하실 수 있다는 겁니다. 많은 부모들이 자녀가 좋은 대학에 가기를 바랍니다. 하지만 좀 더 깊이 들어가 보면 실은 자신들의 욕망을 자녀를 통해 분출하려고 하는 것입니다. 자신이 이루지 못한 욕망을 자녀를 통해 실현하고자 합니다. 그러다 그것이 잘 안 되면 자녀를 닦달하고 내 마음대로 안 되니까 자녀에게 폭력을 가하기도 합니다. 그리고 이렇게 이야기합니다.

"다 너를 위한 거야."

그리고 스스로도 그렇게 생각하려고 합니다. 스스로도 사랑이라고 여깁니다. 하지만 그 잘못된 마음을 하나님은 정확하게 꿰뚫어 보십니다.

자녀에게 무엇을 받으려고 하는가

많은 자녀들이 부모의 자아 성취를 위해 이용을 당합니다. 부모는 내가 무엇인가를 받기 위해 자녀를 우상으로 만들어버립니다. 우상의 특징은 거래관계입니다. 내가 무엇인가를 받기 위해서 우상에게 무엇인가를 줍니다. 자녀가 우상인 사람들은 자녀가 좋은 대학에 가고 좋은 직장에 취직하면 "부모인 나의 삶이 의미 있게 될 거야. 사람들이 나를 이제 다르게 볼 거야"라고 생각합니다. 그래서 지금 가정 안에서 일어나는 문제의 본질은 자녀교육의 문제가 아닙니다. 자녀와 부모의 문제가 아닙니다. 바로 우상숭배의 문제입니다.

제가 아는 분은 딸을 최고의 대학에 보냈습니다. 딸을 그 대학에 보내기 위해 엄마는 딸에게 엄청난 정성을 쏟았습니다. 과외비도 항상 은행 가서 새 돈으로 바꿔서 과외선생님에게 드릴 정도였습니다. 그리고 그 딸은 대학을 졸업하고 유명한 사업가와 결혼했습니다. 그 분은 딸이 매달 엄청난 돈을 자신에게 보내준다고 자랑을 했습니다. 제가 그 딸을 한 번 본 적이 있었는데 얼굴이 매우 어두웠습니다.

그런데 얼마 후 그 딸이 친정엄마에게 매달 큰돈을 보내주는 문제로 남편과 다투다 이혼을 하게 되었습니다. 결국 그 딸의 부모도 갈등이 생겨서 이혼했습니다. 이렇게 자녀를 우상으로 섬기면 많은 문제가 생깁니다.

우상과는 늘 거래관계가 성립하기 때문에 우상을 섬기는 사람은 과도한 애정을 쏟는 만큼 반드시 무엇인가를 돌려받으려고 합니다. 거기에서 많은 문제가 생기는 것입니다.

이제는 내가 정말 자녀를 하나님의 아이로 키우려고 하는 것인지 내가 원하는 무엇인가를 줄 아이로 키우려고 하는지 깊이 생각해봐야 하겠습니다.

잘못된 사랑은 자녀교육의 실패로 이어진다

아브라함은 아들을 너무나 사랑했습니다. 아들을 얻자, 그의 삶의 무게중심이 아들로 이동했습니다. 그에게 삶의 의미는 바로 아들이었습니다. 하지만 자녀에 대한 과도한 사랑은 항상 많은 문제를 가져옵니다. 일단 자녀가 올바른 인격체로 잘 성장하고 다른 사람과 잘 지내는 사회적인 인간으로 성장하는 데 큰 지장을 줍니다.

주위에서 늦둥이를 낳은 부모가 자녀를 매사에 오냐오냐하며 키우고 자녀에게 모든 것을 다 허용해서 자녀가 버릇없고 세상 물정 모르는 사람이 되는 경우를 종종 봅니다. 그리고 이렇게 과한 애정 속에서 키웠는데 자녀가 불순종하거나 부모가 원하는 인물이 되지 못했을 때의 실망감은 자녀와 부모 사이에 심각한 갈등을 초래합니다.

부모의 기대에 부응하지 못한 자녀는 엄청난 부담감을 느낍니다. 하나님은 아브라함의 지나친 사랑이 앞으로 어떤 문제를 불러올지 아셨습니다. 하나님은 앞으로 이삭이 야곱의 아버지가 되고 야곱의 자녀들이 이스라엘 열두 지파를 이룰 것을 알고 계셨기 때문에 이삭이 올바르게 잘 성장하는 것은 너무나 중요했습니다. 그래서 하나님은 반드시 이것을 바로잡으셔야 했습니다.

결국 하나님이 개입하십니다. 그리고 이렇게 말씀하십니다. "네 아들을 제물로 바쳐라."

그래서 하나님은 모든 것을 제 위치로 옮겨놓으려고 하셨습니다. 그렇게 하지 않으셨다면 아브라함은 자신의 상태를 결코 깨닫지 못했을 겁니다. 그리고 이삭은 올바르게 성장하지 못했을 것입니다.

잘못된 자녀 사랑이 이어지다

아브라함의 이삭에 대한 사랑은 많은 문제를 낳았습니다. 그것은 이삭의 아들과 손자에게까지 영향을 끼칩니다. 이삭은 마흔 살에 리브가와 결혼했습니다. 그리고 쌍둥이 아들을 임신합니다. 임신 중에 여호와께서 리브가에게 말씀하십니다.

"형이 동생을 섬기게 된다."

하지만 이삭은 그럼에도 불구하고 큰아들인 에서를 동생인 야곱보다 더 편애합니다.

이삭은 이복형인 이스마엘에 대해 마음의 짐이 있었습니다. 사라가 이스마엘과 그의 엄마 하갈을 어린 시절 사막으로 내쫓았기 때문입니다. 그런 이스마엘이 가족을 이뤄 강하게 성장하고 있었습니다. 이삭은 이스마엘에게서 불안감과 위협을 느꼈을 것입니다. 그런 중에 맏아들 에서가 보여주는 강한 남성적인 모습은 아주 믿음직스러웠습니다. 반면에 야곱은 조용하고 집 안에 있는 것을 좋아하는 연약한 아들이었습니다. 아버지가 바라는 모습이 아니었습니다. 이삭은 에서를 편애합니다.

아브라함이 했던 실수를 이삭이 또 반복합니다. 결국 에서는 버릇없고 거칠게 자랐고 야곱은 형에게 피해의식을 느끼며 자랐습니다.

에서는 나이가 마흔이 되자 가나안 여자 두 명과 결혼을 합니다. 이 두 여자는 이삭과 리브가에게 큰 근심거리가 됩니다. 우상숭배하는 족속과 결혼한 에서는 믿음의 계보를 이을 사격이 없어집니다. 그래서 장자권은 야곱에게로 돌아가야 했습니다.

그런데 이삭은 에서를 꾸짖기는커녕 장자 상속권을 에서에게 물려주기로 결심합니다. 이제 이삭은 하나님의 믿음의 계보를 잘 이어나가는 것보다 세상에서 안전하게 사는 것을 목표로 삼은 것 같습니다.

이삭이 너무 늙어 장자 상속권을 아들에게 주는 날, 그는 하나님의 말씀까지 무시해가며 야곱 대신 에서를 축복하려 합니다. 이때부터 집안의 비극이 시작됩니다. 야곱은 필사적으로 아버지의 축복을 받아내기 위해 에서의 옷을 입고 눈이 나쁜 아버지를 속여 축복을 받아냅니다.

이렇게 속인다고 실제로 아버지의 유산을 받는 것도 아니고 에서가 돌아오면 바로 들통이 날 텐데 왜 무리수를 두어가면서 아버지를 속였을까요? 야곱은 아버지의 인정을 받고 싶었던 것입니다. 평생 형만 사랑했던 아버지 밑에서 자라며 많은 상처를 받은 야곱은 아버지의 사랑과 인정을 갈구했던 것입니다. 그래서 야곱은 거짓말을 하면서까지 아버지의 축복을 받아냅니다.

뒤늦게 이 사실을 안 에서는 야곱을 죽이겠다고 다짐을 하고, 야곱은 삼촌 집으로 도망을 갑니다. 기약 없이 떠나는 아들 야곱에게 이삭이 당부합니다.

"너는 가나안 여자와 결혼하지 마라."

그 이야기를 에서가 듣습니다. 그제야 에서는 아버지가 가나안 여자를 좋아하지 않는다는 것을 알게 됩니다. 에서는 이미 결혼해서 아내들이 있었지만, 이스마엘에게로 가서 그의 딸을 또 아내로 맞습니다. 그 후 에서의 가정도 평탄하지는 않았을 것입니다.

이렇게 자녀에 대한 잘못된 사랑은 자녀교육의 실패로 이어집니다. 그런데 이 비극이 야곱의 가정에서 또 반복됩니다. 야곱은 여러 아들 중에서 가장 사랑하는 아내의 아들인 요셉만 편애합니다. 이를 질투하는 형들은 요셉을 노예로 팔아버립니다. 이 모든 비극의 시작은 바로 아브라함이 이삭을 과도하게 사랑하면서부터였습니다. 하나님은 이것을 미리 아시고 아브라함이 이삭을 우상시하는 것을 막으려 하신 것입니다.

하나님만이 주실 수 있는 의미와 만족과 행복을 자녀의 성공에서 찾는다면 우리는 결국 슬픔에 도달하게 됩니다. 자녀를 우상으로 섬기면 자녀도 망치고 부모도 망치고 부모와 자녀의 관계도 망칩니다. 이제 자녀를 정상적인 자리로 돌려놓아야 합니다. 오직 하나님만이 가정의 주인이 되시면 가정에 다시 질서가 생기고 행복해집니다.

지금 무엇보다 가장 중요한 것은 내 자녀 안에 성령님이 계시는가입니다. 이것보다 더 시급한 일이 있습니까? 절대 없습니다! 이것을 위해 기도해야 합니다.

"주님, 제 아이를 만나주시옵소서."

꼭 자녀를 위한 기도 노트를 작성해서 매일 기도하십시오. 주님에게 자녀를 맡기면 자녀의 인생은 주님이 책임져주십니다.

22

자녀에게 반드시 가르쳐야 할 9가지

✳

부모님들은 자녀를 잘 키우고 싶어 합니다. 그리고 자녀가 행복한 인생을 살기를 바랍니다. 그러기 위해서는 먼저 자녀교육을 잘해야 합니다. 자, 그러면 어떤 교육이 가장 중요할까요? 바로 신앙 교육입니다.

세상의 법과 하나님의 법은 반드시 충돌합니다. 세상의 논리와 하나님의 논리가 다르고 세상과 하나님의 옳고 그름이 다르며 선악의 기준도 다르고 가치관도 다릅니다. 이런 상황에서 자녀가 신앙 교육을 받지 않고 크리스천으로 제대로 살 수 있을까요?

신앙 교육에서 가장 중요한 것이 성경을 읽는 것이지만 성경을 읽지 않는 자녀들이 많기 때문에 부모가 직접 말로 자녀를 가르쳐야 합니다.

이번 장에서는 크리스천 부모가 자녀에게 반드시 가르쳐야 하는 것들에 대해 함께 나누고자 합니다.

첫 번째, 하나님은 우리의 창조자시다

요즘 학생들은 학교에서 진화론을 배웁니다. 하지만 부모님께서는 자녀에게 진화론이 아니라 창조론이 맞다고 확실하게 말해주어야 합니다. 진화론과 창조론에 관해 한 가지 예를 들어보겠습니다. 어떤 사람이 사막을 가다가 모래 위에 멋진 시계가 떨어져 있는 것을 보았습니다. 그 시계는 왜 거기에 있는 걸까요?

두 가지 가설이 존재합니다. 첫 번째는 자연 속에 있는 철, 탄소, 알루미늄 등 시계를 구성하는 원소들이 오랜 세월 동안 자연적으로 결합하여 시계로 만들어졌다는 가설이고, 두 번째는 어떤 사람이 사막을 지나가다가 모래 위에 시계를 떨어트렸다는 가설입니다. 두 번째 가설에 의하면 시계는 누군가가 만들었다는 것이죠. 어떤 것이 진실일까요?

짐승이 오랜 세월이 지나 인간이 되었다는 진화론을 자녀들이 학교에서 배우고 있는 지금의 현실에서 우리는 명확하게 진화론이 사실이 아니라는 것을 자녀에게 가르쳐야 합니다. 교회에서 가르쳐줄 것이라고 생각하지 마시고 부모님이 직접 가르쳐주어야 합니다. 하나님은 자녀를 부모에게 맡기셨지 교회에 맡기신 것이 아닙니다.

우리 인간은 하나님께서 직접 창조하셨고 우리를 창조하신 분명한 목적이 있다는 것을 가르쳐줘야 합니다. 우리가 우연의

산물이 아니라 뚜렷한 목적이 있기 때문에 창조되었다는 것입니다.

자녀에게 "애야, 너는 누가 만드셨지? 왜 만드셨지?"라고 물어보며 답도 가르쳐주어야 합니다.

"너는 하나님이 만드셨고 너를 만드신 이유는 하나님께서 영광 받으시기 위해 만드셨단다!"

이렇게 하나님이 우리의 창조주라는 것을 확실하게 가르쳐야 합니다. 이것을 명확하게 알면 자녀가 인생을 살면서 '나는 누구인가? 나의 정체성은 무엇인가?' 이런 의문이 들 때 흔들리지 않습니다.

많은 사람이 자신이 어디에서 왔는지 모르고 어디로 가야 하는지 모르기 때문에 귀한 인생을 엉뚱한 곳에서 헤매며 표류하고 세월을 낭비합니다. 하지만 부모에게 확실한 가르침을 받은 자녀는 '나는 하나님이 만드셨어! 나는 하나님의 자녀야! 나는 하나님의 영광을 위해 태어났어! 나는 내 삶을 통해 주님께 영광을 돌릴 거야!'라고 생각하며 인생을 살게 됩니다. 이렇게 내 삶의 목적이 하나님께 영광을 돌리는 것이라는 것을 분명하게 깨닫는 사람에게는 삶의 동기가 생깁니다. 그리고 삶의 동기는 집중력을 만들어주고 열정을 만들어냅니다.

그리스도 예수 안에서, 하나님께서 위로부터 부르신 그 부르심의 상

을 받으려고, 목표점을 바라보고 달려가고 있습니다. 빌 3:14, 새번역

많은 자녀가 꿈도 없고 목표도 없고 열정도 없어서 부모님들이 안타까워하시는데 해결 방법은 내 삶의 목적을 정확하게 깨닫는 것입니다. 그래서 저는 자녀들에게 릭 워렌 목사님의 책 《목적이 이끄는 삶》을 읽히는 것을 추천합니다.

저는 이 책을 세 번 읽었습니다. 이 책에는 우리 인생의 목적에 대해 자세하게 쓰여 있어서 저는 이 책을 읽고 큰 도움을 받았습니다.

두 번째, 하나님은 우리의 구원자시다

모든 사람이 그렇듯이 자녀들은 결국 자신의 죄의 문제로 고통을 받게 됩니다. 그 엄청난 고통 속에서 확실한 해결책이 있다는 사실을 미리 알려줘야 합니다. 우리는 스스로 구원할 수 없습니다. 그래서 죄 때문에 고통받는 인간을 위해 예수님께서 십자가에서 피 흘려 죽으셨습니다. 이것을 믿고 회개하는 사람의 죄는 2천 년 전에 이미 용서를 받았습니다.

우리는 크리스천임에도 불구하고 끊임없이 죄를 짓습니다. 하지만 진심으로 회개하면 늘 용서해주시는 예수님 덕분에 우리는 죄의 노예로 살지 않을 수 있다는 것을 자녀에게 알려줘야

합니다. 이것을 알지 못하면 자녀는 평생 죄의 근심 속에서 누구에게 말도 못 하고 혼자 괴로워하면서 살게 될 수밖에 없습니다. 이런 자녀를 마귀는 항상 정죄하며 괴롭히려고 할 것입니다. 그런 일이 일어나지 않도록 하나님은 예수님을 통해 우리 죄의 문제를 해결해주신 우리의 구원자라는 것을 자녀에게 정확하게 알려줘야 합니다.

세 번째, 하나님이 우리 인생의 주관자, 통치자시다

만약 이것을 모르면 내가 내 인생의 주인이 될 수 있다는 착각을 하게 됩니다. 인간은 죄성이 너무 강합니다. 그래서 늘 하나님의 통치를 벗어나 내 마음대로 살려는 성향이 있습니다. 내 생각대로 내 마음이 내키는 대로 살려고 합니다. 하나님의 말씀을 듣지 않으려 하고 하나님을 믿지 않으려는 것도 인생을 내 마음대로 살기 위해서입니다. 모든 것을 내 마음대로 하려는 것, 바로 그것이 악의 뿌리입니다.

사탄이 왜 사탄이 되었습니까? 원래 천사였지만 하나님의 통치를 받지 않고 자신의 마음대로 살려고 하다가 천국에서 쫓겨나 사탄이 되지 않았습니까? 이렇게 자신의 마음대로 살려고 하는 인생은 비참해질 수밖에 없습니다.

그래서 자녀에게 인생은 내 마음대로 사는 것이 아니라 우리 인생의 주관자이신 하나님의 말씀대로 살아야 한다는 것을 가르쳐야 합니다. 하지만 자녀 입장에서 엄청나게 헷갈리는 것이 대부분 사람은 자기가 하고 싶은 대로 하고 싶니다. 대부분의 미디어와 책들도 그렇게 가르치고 있습니다. 하지만 우리 크리스천은 내 마음대로 살면 안 됩니다. 우리 인생을 주관하시는 하나님의 뜻에 맞게 살아야 합니다. 하나님의 뜻에 온전히 순종하며 살면 우리는 하나님의 품 안에서 하나님의 보호를 받게 됩니다. 이것을 경험한 분들은 이것이 얼마나 든든한지 알 것입니다.

세상에 법이 없으면 사람들은 엉망이 되고 혼돈 속에 있게 됩니다. 마찬가지로 내 안에 예수님의 영인 성령의 법이 없으면 나의 내면은 질서가 무너지고 엉망이 되고 맙니다. 금세 평온을 잃게 됩니다. 왜냐하면 마귀들이 내 마음속에 들락날락하면서 괴롭히기 때문입니다

하지만 하나님의 뜻에 온전히 순종하며 사는 크리스천은 내 안에 계신 성령의 법이 내 영을 강하게 붙드십니다. 그래서 평안함을 느끼게 됩니다.

우리 자녀에게 꼭 가르쳐줘야 합니다. 앞으로 인생의 위기를 만났을 때 누구를 찾아야 하는지, 인생의 문제를 해결해줄 능력이 있으신 분은 누구인지 가르쳐줘야 합니다.

우리가 인생에서 큰 위기에 빠졌을 때도 인생의 주관자이신

하나님이 내 아버지이기에, 내 주님이시기에 내게 소망이 있다는 것을 미리 가르쳐줘야 합니다. 위기 앞에서 너무 겁먹지 말고 곧바로 하나님께 가서 기도로 도움을 요청해야 한다는 것을 가르쳐줘야 합니다.

> 내가 산을 향하여 눈을 들리라 나의 도움이 어디서 올까 나의 도움은 천지를 지으신 여호와에게서로다 시 121:1,2

하나님의 자녀는 세상의 막다른 골목에 다다라도 절망하지 않습니다. 왜냐하면 사방이 막혀도 하늘을 볼 수 있기 때문입니다. 하지만 하나님의 자녀가 아니면 인간의 노력으로 해결할 수 없는 문제를 만났을 때 도움을 요청할 곳이 없습니다. 또 하나님의 자녀는 내가 계획한 일이 실패하는 것이 실제로는 하나님의 계획인 경우도 경험하게 됩니다. 그래서 결국 인생의 주관자이신 하나님의 뜻 아래 무릎을 꿇게 됩니다.

네 번째, 하나님께서 우리에게 영원한 생명을 주셨다

우리는 불멸의 존재입니다. 우리의 죽음은 끝이 아니라 새로운 시작입니다. 사람에 따라서 그 새로운 시작이 천국인 사람도 있고 지옥인 사람도 있을 것입니다. 자신이 죽어서 천국으로 가는 확신이 있는 사람은 이 세상에서 힘든 일을 겪어도 견딜 수 있습니다. 이런 천국 소망은 이 세상을 살아가는 데 엄청나게 큰 힘이 됩니다.

지금 많은 사람이 타락한 문화 가운데 살아가고 있습니다. 지금의 문화는 죄를 죄라고 하지 않습니다. 죽음이 인생의 끝이라고 생각하는 사람들은 돈을 벌어 쾌락을 사는 일에 관심이 많습니다. 하지만 이 세상에서의 삶은 잠깐 지나가는 것이라는 것을 알게 된다면 삶을 대하는 태도가 달라집니다.

이 세상은 다음 세상을 위해 준비하는 시간이라는 것을 깨닫고, 죽음 이후에 하나님의 심판이 기다리고 있다는 것을 깨닫게 되면 좀 더 신중하게 인생을 살게 됩니다. 천국 소망이 있는 사람은 쾌락주의나 허무주의에 잘 빠지지 않습니다.

다섯 번째, 진정한 즐거움과 만족은 주님에게만 있다

많은 청소년이 즐거움을 찾아다닙니다. 즐거움을 위해 게임에 몰두해보기도 합니다. 즐거움을 찾아 여러 곳을 찾아 헤맵니다. 어떻게 하면 정말 즐거운지 배운 적이 없기 때문입니다.

시편 16편 11절에서는 "주께서 생명의 길을 내게 보이시리니 주의 앞에는 충만한 기쁨이 있고 주의 오른쪽에는 영원한 즐거움이 있나이다"라고 말씀합니다. 시편은 주님을 가까이하면 충만한 기쁨과 영원한 즐거움을 얻을 수 있다고 가르쳐주고 있습니다. 주님을 가까이하는 것은 하나님의 말씀인 성경을 가까이하는 것입니다. 성경 말씀을 보면 주님께서 생명의 길을 내게 보여주십니다. 내가 살 길을 알려주십니다. 어떻게 살아야 할지도 알려주십니다. 내가 죽으면 어디로 갈지도 알려주십니다.

주님은 즐거움의 원천이십니다. 진정한 기쁨은 우리가 주님과 바른 관계를 맺을 때 찾아옵니다. 기쁨의 원천이신 주님 안에서 흘러나오는 즐거움을 누리는 것이 세상을 이기는 힘의 원천이 됩니다.

우리는 자녀가 인생을 살면서 만족하며 살기를 바랍니다. 하지만 사람이 만족하는 것은 결코 쉽지 않습니다. 사람은 끊임없이 늘 무엇인가를 갈망합니다.

C. S. 루이스는 "만일 내 안에 이 세상의 어떤 경험도 결코 만족시켜줄 수 없는 갈망이 있다면 나는 다른 세상을 위해 지음을 받은 것이다"라고 했습니다. 다시 말하면 인간의 갈망을 채워줄 수 있는 것이 이 세상에는 없다는 것입니다. 바로 이점을 자녀에게 가르쳐줘야 합니다.

우리 자녀의 영혼은 돈이나 성공으로 충분히 만족할 수 없습니다. 왜냐하면 우리 자녀는 이 세상을 위하여 만들어진 존재가 아니고 영원을 위하여 만들어진 존재이기 때문입니다. 그래서 영원 속에 계시는 주님과 가까이 있어야만 우리가 진정한 즐 거움과 만족을 얻을 수 있다는 것을 꼭 자녀에게 가르쳐주기를 바랍니다.

여섯 번째, 모든 인간은 죄인이다

전도를 하다 보면 사람들이 이렇게 얘기하는 것을 볼 때가 있습니다.

"나도 하나님 믿어!"

단지 하나님이 실제로 존재하신다는 것을 믿는다고 해서 크 리스천이라고 할 수는 없습니다. 그리고 단지 하나님이 살아 계신 것을 믿는다고 해서 천국에 가는 것도 아닙니다. 무당도 귀신도 하나님이 살아 계신다는 것은 너무나 잘 압니다. 예수 님께서 나의 죄를 용서해주시기 위해 십자가에 못박혀 피 흘리 며 돌아가셨다는 것을 믿고 예수님을 나의 구주로 인정해야 진 정한 크리스천입니다. 이 과정에서 자신의 죄를 진심으로 회개 하는 것은 필수적입니다.

회개하려면 먼저 내게 죄가 있고 내가 죄인임을 깨달아야 합 니다. 내가 죄인임을 알아야 회개할 수 있습니다. 세상에 죄가 없는 사람은 아무도 없습니다. 하지만 회개하면 우리는 죄가 없다는 판정을 받게 됩니다. 그래서 회개하는 일은 기쁜 일입니다. 주님은 우리가 회개하면 죄를 용서해주시고 우리를 의인이라고 하십니다.

하지만 우리가 죄인임을 인정하지 않는다면 독생자 예수님을 직접 세상에 보내 죽게 하신 하나님의 사랑을 부정하는 것입니다. 크리스천이 아닌 대부분 사람은 자신이 죄인이라는 것에 동의하지 않을 것입니다.

또한 우리가 스스로 죄를 짓지 않았다고 말한다면, 그것은 우리 자신을 속이는 것이며 진리가 우리 안에 없는 것입니다. 그러나 우리가 죄를 고백하면, 그분은 우리를 용서해주실 것입니다. 그분은 옳은 일만 행하시는 분이기 때문에 우리는 그분을 믿을 수 있습니다. 그분은 우리의 모든 잘못을 깨끗하게 해주실 것입니다. 우리가 계속 죄를 지은 적이 없다고 말한다면, 그것은 하나님을 거짓말쟁이로 만드는 것이며 우리는 하나님께서 주신 진리의 가르침을 받아들이지 않는 것입니다. 요일 1:8-10, 쉬운성경

결론적으로 내가 죄인임을 깨닫는 것은 진정한 크리스천이 되기 위한 필수 관문이라는 것을 자녀에게 꼭 가르쳐줘야 합니다.

"애야! 아빠도 엄마도 너도 하나님 앞에서는 모두 죄인이야 그래서 우리는 멸망받을 수밖에 없었지만, 예수님이 십자가에

서 흘리신 피로 우리는 죄의 사함을 받을 수 있었어! 그래서 우리가 진심으로 회개하는 일은 너무나 중요한 일이야! 그리고 회개는 정말 기쁜 일이기도 하고."

하나님은 죄 없는 순결한 인간을 창조하셨습니다. 하지만 그렇게 창조된 아담과 하와는 무엇 하나 부족한 것 없는 에덴 동산에서 죄를 지었고 그 때문에 인간의 삶에 죄가 들어왔습니다. 그리고 그 죄는 후손인 우리에게까지 영향을 끼쳤습니다.

인간은 아주 어렸을 때부터 죄를 짓습니다.

사람의 마음이 계획하는 바가 어려서부터 악함이라 창 8:21

그리고 살면서 우리는 수많은 죄를 짓습니다. 우리는 행동으로 또 마음속으로 끊임없이 죄를 지으며 인생을 삽니다. 특히 마음의 죄는 정말 너무나 심각합니다. 하나님께서 가장 싫어하시는 죄 중의 하나인 교만뿐만 아니라 이웃에 대한 시기와 미움, 탐욕 등 마음의 죄는 셀 수 없이 많습니다. 그러나 마음의 죄는 사회법 망에 걸리지 않습니다. 그래서 지금 세상 사람들은 죄를 짓고도 부끄러운 줄 모르고, 이기적인 삶을 살면서도 그것이 죄라는 사실을 모르고 있습니다.

저도 하나님과 멀리 떨어져서 어두운 세상 속에 살 때는 제 마음의 죄의 실체를 잘 몰랐습니다. 그런데 하나님을 더 잘 믿겠다고 하나님께 가까이 가면 갈수록 하나님의 빛 앞에서 저의 마음의 죄가 더 확실하고 자세하게 드러나 정말 괴로웠습니다. 하지만 죄를 인식할 수 있었기에 회개할 수 있었습니다.

사람들은 마음속의 죄를 가벼이 여기는 경향이 있습니다. 하지만 진짜 악은 마음속에 있습니다. 어떤 사람이 마음에 악을 품고 겉모습은 얌전히 또 공손히 하고 다닌다면 그 사람은 선한 사람입니까? 악한 사람입니까? 마음의 죄가 가장 악하고 무섭다는 것을 자녀에게 꼭 가르쳐줘야 합니다.

저는 삼십 대 초반까지 '선데이 크리스천'으로 살며 세상 속에서 세상의 문화에 빠져 살았습니다. 세상과 주님께 양다리를 걸치며 스스로 나름 괜찮다고 생각하며 살고 있었습니다. 그러던 어느 날 주님께서 "이제 그만하고 나에게 완전히 건너오라"라고 마음속에서 저를 부르셨습니다. 그때 저는 처음으로 제 마음속 깊은 곳에 있는 어둠을 보게 되었습니다. 그때의 충격은 정말 컸습니다.

'아, 이게 뭐지?'

주님에 대한 반감, 반항심이 수면 밑에서 올라오는데 나의 내면에 이런 것들이 있다는 것이 저에게 정말 충격적이었습니다. 나름 괜찮은 사람이라고 생각하며 살아왔고 특별히 다른 사람에게 해를 끼친 적이 없다고 생각했던 저에게 하나님은 제 마음속의 어둠을 보여주셨습니다. 그리고 오랜 세월이 지나 주님을 잘 믿어보려고 주님께 조금씩 가까이 나아오면서 제 안에 주님과 정반대되는 무엇인가가 있다는 것을 좀 더 잘 느끼게 되었습니다.

저는 오랜 시간 동안 이것의 정체를 몰라 정말 괴로웠습니다. 하나님을 잘 믿어보려고 하는데 마음속 한편에 하나님과 정반대의 악한 무엇인가가 존재하는 것을 알고 참 힘들었습니다. 저는 처음에는 '마귀의 영적 공격인가?'라고도 생각했었는데 얼마 전에 드디어 이것의 정체를 알게 되었습니다.

그것의 정체는 바로 저의 죄성이었습니다. 저는 이제 죄성이 얼마나 무서운지를 압니다. 그리고 우리의 죄성이 하나님과 원수지간이라는 것과 나를 하나님과 180도 반대 방향으로 잡아당기고 있다는 것도 알게 되었습니다.

죄의 악한 본성은 하나님의 놀라운 은혜를 경험하고도 죄의 노예로 살았던 시절을 그리워하게 만듭니다. 이스라엘 사람들은 애굽에서 노예로 살고 있었습니다. 그들은 강제 노역 속에서 채찍을 맞으며 고통 속에서 비명을 질렀습니다. 그 비명을 들으신 하나님은 이스라엘 사람들 전체를 애굽에서 탈출시킬 거대한 계획을 세우셨고 하나님의 능력으로 결국 탈출시키십니다.

하지만 이스라엘 백성 가운데 섞여 살던 외국인들이 주어진 음식에 욕심을 품고 불평하자 모든 이스라엘 백성도 함께 불평하기 시작했습니다. 차라리 노예로 살던 그 끔찍했던 날들이 더 낫다고 생각합니다. 바라던 자유를 얻었건만, 끔찍했던 노예 시절을 그리워하며 차라리 다시 애굽 사람들의 종이 되겠다고 합니다. 이스라엘 사람들은 직접 겪었던 하나님의 기적도, 은혜도 다 잊고 하나님을 원망합니다. 이런 것이 바로 죄성의 실체입니다.

사도 바울도 자신 안에 있는 악한 본성을 깨닫고 탄식했습니다. 사도 바울은 자신 안에 두 가지 법이 있음을 깨달았습니다. 하나님의 법을 즐거워하는 새로운 성품과 죄를 즐거워하는 육신의 옛 성품이 둘 다 있음을 알게 됩니다. 크리스천이 된 자신의 새 성품은 하나님의 법을, 육신의 성품 즉 옛 성품은 죄의 법을 섬기기를 좋아한다는 것을 깨달았습니다. 바울은 자신에게 선한 것이 없음을 보고 한탄하였으나 자신 안에 또 다른 법 즉 '하나님의 법'이 있음을 알고 감사합니다.

인생에서 가장 큰 전투는 바로 우리 내면에서 일어납니다. 크리스천은 죄를 미워해야 하는데 내 안에 죄를 사랑하는 마음, 즉 죄악된 본성이 숨어 있습니다. 이 죄악된 본성이 우리가 죄를 짓도록 부추깁니다.

나의 이런 죄성의 문제는 절대로 혼자 해결할 수 없습니다. 이 문제를 해결하기 위해 하나님의 영, 즉 성령께서 직접 우리 안에 들어오셨습니다. 그래서 우리는 매일 매일 성령님께 "주님, 제 죄성이 작동하지 못하게 도와주세요"라고 기도해야 합니다.

예수님이 어부인 베드로에게 찾아오셨습니다. 밤새도록 수고했지만, 물고기를 하나도 잡지 못한 베드로에게 예수님은 깊은 데로 가서 그물을 던지라고 말씀하십니다. 시키는 대로 하자 그물이 찢어지도록 물고기가 잡혔습니다. 그때 베드로는 예수님이 주님이라는 것을 한눈에 깨닫습니다. 그리고 예수님께 이렇게 말씀드립니다.

"주님, 제게서 떠나주십시오. 저는 죄인입니다"(눅 5:8, 쉬운성경).

빛이신 예수님 앞에 선 베드로는 그 상황에서 자신이 죄인임을 깨닫고 고백합니다. 그때 예수님은 이렇게 말씀하십니다.

"두려워하지 마라. 이제부터 너는 사람을 낚을 것이다"(눅 5:10, 쉬운성경).

다윗은 이렇게 고백했습니다.

"내가 저지른 잘못들을 알고 있으니, 내 죄가 항상 내 앞에 있습니다"(시 51:3, 쉬운성경).

사도 바울은 이렇게 고백했습니다.

"나는 그 죄인 중에서도 가장 큰 죄인이었습니다"(딤전 1:15, 쉬운성경).

마르틴 루터는 이렇게 고백했습니다.

"나는 버림받을 죄인입니다."

요한 웨슬레는 이렇게 고백했습니다.

"나는 눈멀고 병 들고 연약한 죄인입니다."

한국교회의 대표적인 믿음의 선배들은 어떻게 고백했을까요? 길선주 목사님은 이렇게 고백했습니다.

"나는 아간과 같은 죄인입니다."

주기철 목사님은 이렇게 고백했습니다.

"이놈이 주님이 차지하여야 할 자리를 대신 차지하고 있습니다."

손양원 목사님은 이렇게 고백했습니다.

"나는 어릴 때부터 범죄를 계속한 불의하고도 불충한 죄인 중의 괴수입니다. 나는 큰 죄인임을 깨닫고 떨면서 울었습니다."

이렇게 자신이 죄인임을 깨닫고 자신의 죄를 고백하고 회개하는 사람이 진정한 크리스천이라는 것을 자녀에게 꼭 가르쳐 주길 바랍니다.

일곱 번째, 보이지 않는 세상이 있다

크리스천이 아닌 세상 사람들은 눈에 보이는 세상만 실제로 존재한다고 생각합니다. 사람들은 뭔가 눈에 보여야 믿는 경향이 있습니다. 역사상 인류는 동서양을 막론하고 각종 우상을 만들어왔습니다. 눈에 보여야 섬기겠다는 것입니다.

하나님은 눈에 보이는 세상만 창조하신 것이 아닙니다. 하나님은 눈에 보이는 세상과 보이지 않는 세상을 모두 창조하셨습니다. 기독교는 눈에 보이지 않는 것을 믿는 종교입니다. 성경은 보이는 세계가 다가 아니라고 말합니다.

우리는 보이는 것들에 시선을 고정시키는 것이 아니라 보이지 않는 것들에 시선을 고정합니다. 이는 보이는 것은 한순간이지만 보이지 않는 것은 영원하기 때문입니다. 고후 4:18, 쉬운성경

하나님은 우리 눈에는 보이지 않지만 보이는 세상과 보이지 않는 세상 둘 다를 실제로 주관하고 계십니다. 천사도 마귀도 우리 눈에 보이지 않는 영적 존재이지만 실제로 존재하며 우리의 삶에 큰 영향을 끼칩니다. 영안이 열린 분들은 천사와 마귀를 영의 눈으로 보기도 합니다.

여덟 번째, 인간은 영이 있는 존재다

하나님은 세상을 창조하시기 전에는 인간을 창조하지 않으셨습니다. 인간들이 세상을 모두 누릴 수 있게 하시기 위해서 세상을 먼저 만드신 후에 인간을 창조하셨습니다. 하나님은 티끌을 모아 흙을 만드시고 그 흙으로 사람을 빚으셨습니

다. 그리고 사람의 코에 '후~' 하고 하나님의 영을 불어넣으셨습니다.

여호와 하나님이 땅의 흙으로 사람을 지으시고 생기를 그 코에 불어넣으시니 사람이 생령이 되니라 창 2:7

맞습니다. 그래서 우리는 영이 있는 영적 존재입니다. 크리스천이든 크리스천이 아니든 모든 인간은 영이 있습니다. 우리는 영을 통해서 영적 존재들과 소통하게 됩니다. 우리는 하나님께 예배를 드릴 때도 우리의 영으로 예배를 드립니다. 요한복음 4장 24절 말씀을 보면 하나님께서는 영이시기 때문에 하나님께 예배하는 사람들은 반드시 영과 진리로 예배해야만 한다고 나와 있습니다.

우리의 영이 진정으로 예배를 드릴 때 우리 안에 계신 하나님의 영, 즉 성령께서 역사하셔서 우리의 영이 하나님의 말씀을 깨닫게 하시고, 우리의 아픔과 고통을 치유하시고 회복시켜주시고 새롭게 다시 시작할 수 있는 힘을 주십니다.

성경을 볼 때도 영의 눈으로 읽어야 하나님의 말씀을 깨달을 수 있습니다. 그래서 저는 성경을 보기 전에 "주님 제 영안이 열려서 말씀을 깨닫게 해주세요"라고 먼저 기도하고 말씀을 읽습니다.

그리고 인간의 영은 영원히 소멸되지 않습니다. 육체가 죽은 후에 하나님을 믿는 사람들의 영은 천국으로, 믿지 않는 사람들의 영은 지옥으로 가게 됩니다.

아홉 번째, 믿음이 무엇인지 가르쳐줘야 한다

세상 사람들은 "반드시 이것이 이루어질 거야"라는 자기 확신에 믿음이라는 단어를 사용하곤 합니다. 하지만 기독교에서의 믿음은 이것과는 완전하게 다른 의미입니다.

기독교에서의 믿음이란 하나님을 신뢰하는 것을 말합니다. 그래서 믿음이 좋은 사람은 하나님을 깊이 신뢰하는 사람입니다.

믿음, 소망, 사랑 중에 제일은 사랑이라고 성경에 나와 있습니다. 하지만 사랑 전에 먼저 믿음이 있다는 것을 주목해야 합니다. 믿음이 항상 첫 번째인 것입니다. 예수님은 믿음을 계속 강조하셨습니다. 기적을 행하실 때도 먼저 믿음이 있는지 확인하셨습니다.

마가복음 10장을 보면 맹인 거지 바디매오가 길가에 앉았다가 예수님이 지나가신다는 말을 듣고 소리지릅니다.

"다윗의 자손 예수여 나를 불쌍히 여기소서"(막 10:47).

많은 사람이 그에게 잠잠하라고 꾸짖었습니다. 그때 바디매오는 더 큰 소리로 예수님을 찾습니다.

"다윗의 자손이여 나를 불쌍히 여기소서"(막 10:48).

예수께서 가시던 길을 멈추시고 그를 불러오라고 하십니다. 예수님은 바디매오에게 필요한 것이 무엇인지 잘 아셨지만, 그의 입술을 통해 확인하고 싶으셨습니다.

"예수께서 말씀하여 이르시되 네게 무엇을 하여 주기를 원하느냐 맹인이 이르되 선생님이여 보기를 원하나이다"(막 10:51).

그때 예수님께서 말씀하십니다.

"가라, 네 믿음이 너를 구원하였느니라"(막 10:52).

바디매오는 눈을 떴고 이제 예수님을 따라갑니다. 바디매오가 "선생님이여 보기를 원하나이다"라고 말한 것이 바로 기도입니다. 그리고 그는 예수님을 신뢰했습니다. 이렇게 믿음을 가지고 기도해야 하나님의 역사가 일어난다는 것을 자녀에게 꼭 가르쳐줘야 합니다.

회개 기도를 할 때도 내 죄를 용서해주실 것이라는 예수님에 대한 신뢰를 두고 기도해야 합니다.

누가복음 7장을 보면 죄를 지은 한 여자가 예수님을 찾아옵니다. 그때 예수님은 바리새인의 집에 앉아 계셨습니다. 그 여자는 향유 담은 옥합을 가지고 와서 예수님 옆에 섭니다. 그녀는 울며 눈물로 예수님의 발을 적시고 자신의 머리털로 예수님의 발을 닦고 향유를 붓습니다. 그때 예수님께서 말씀하십니다.

"네 믿음이 너를 구원하였으니 평안히 가라"(눅 7:50).

믿음은 하나님이 우리에게 주신 선물입니다. 눈에 보이지 않는 분을 우리가 믿고 싶다고 노력해서 믿을 수 있는 것이 아닙니다. 하나님이 믿음을 선물로 주셔서 우리가 믿을 수 있게 된 것입니다. 하지만 살면서 여러 어려운 상황을 겪을 때 우리는 믿음이 약해지기도 합니다. 그래서 우리는 매일 '제게 큰 믿음을 주소서'라고 기도해야 합니다.

마가복음 9장을 보면 예수님은 귀신 들린 소년 이야기를 들으시고 데리고 오라고 하십니다. 귀신은 예수님을 보자 소년이 심한 경련을 일으키게 만듭니다. 소년은 땅에 쓰러져 구르며 거품을 흘립니다.

예수님께서 소년의 아버지에게 물으십니다.

"언제부터 이렇게 되었느냐?"

아버지가 대답합니다.

"어렸을 때부터 그랬습니다. 귀신이 제 아들을 죽이려고 불과 물에 자주 던졌습니다. 예수님께서 무엇을 하실 수 있거든 우리를 불쌍히 여기사 도와주소서!"

그때 예수님이 그에게 말씀하십니다.

"'할 수만 있다면'이 무슨 말이냐? 믿는 사람에게는 모든 것이 가능하다." 소년의 아버지가 즉시 소리쳤습니다. "제가 믿습니다! 제 믿음 없는 것을 도와주십시오!" 예수님께서 많은 사람들이 달려와 모여드는 것을 보시고 더러운 귀신을 꾸짖으셨습니다. "이 듣지 못하고, 말 못하게 하는 귀신아, 내가 너에게 명령한다. 소년에게서 나와 다시는 들어가지 마라!" 더러운 귀신은 소리를 지르고, 소년에게 경련을 일으키게 하고 나갔습니다.

막 9:23-26, 쉬운성경

하나님은 믿음을 달라고 기도하는 자녀를 절대로 외면하지 않으시고 큰 믿음을 허락하십니다.

기도로 믿음을 구하면 즉시 주십니다. 자녀가 큰 믿음을 달라고 매일 기도할 수 있게 도와주십시오. 기도 응답과 일의 성패가 오직 믿음에 달려 있습니다.

사람들은 하나님을 믿을 때 '나는 이해가 안 된다. 이해되면 믿겠다'라고 하는데 이것은 접근 자체가 잘못된 것입니다. 이해되는 것은 믿을 필요가 없습니다. 이해가 안 됐을 때 믿는 것입니다.

믿음은 보이지 않아도 보이는 것처럼 생각하는 것입니다. 보이는 것을 보인다고 하는 것은 믿음이 아닙니다. 누군가 남산 타워를 보면서 '나는 남산 타워가 있다는 것을 믿어!'라고 한다면 우리는 이것을 믿음이라고 하지 않습니다.

믿음은 눈에 보이지 않고 증명할 수 없어도 눈에 보이는 것처럼 확신하는 것이 믿음입니다. 그런데 사람들은 자꾸 이해하려고 합니다.

'하나님, 제게 왜 이런 일이 일어납니까? 저는 도저히 이해가 안 됩니다.'

모든 것이 이해된다면 믿음이 설 자리가 어디 있냐고 하나님은 물으십니다.

눈에 보일 때 믿는 믿음은 진정한 의미에서의 믿음이라고 할 수 없습니다. 진짜 믿음은 아무것도 보이지 않을 때도 믿는 것입니다. 아무것도 들리지 않을 때도 믿는 것입니다. 어떤 어려운 상황 속에서 아무것도 보이지 않을 때 하나님을 신뢰하는 것이 바로 믿음입니다.

이해할 수 있는 상황만 겪어온 사람은 믿음이 자라지를 않습니다. 이해할 수 없는 상황을 겪은 사람이 어려운 상황 속에서 하나님을 신뢰하면서 믿음이 자라는 것입니다.

진짜 하나님을 믿으면 기다릴 수 있습니다. 믿음이 있는 사람은 하나님의 때를 기다립니다. 믿음이 있는 사람은 하나님께서 선하신 분임을 믿고 늘 나에게 좋은 것을 주기 원하시는 하나님을 신뢰하며 그분의 때를 잠잠히 인내하며 기다립니다.

얼마 전에 제가 기운 빠지는 일이 있어 낙망하며 자고 있었습니다. 꿈을 꾸었는데 꿈속에서 누군가가 저에게 물었습니다.

"너는 믿음이 있느냐?"

그래서 꿈속에서 제게 믿음이 있는지 생각해보았습니다. 생각해보니 믿음이 있었습니다. 확신이 들었습니다. 그래서 대답했습니다.

"네! 저는 믿음이 있습니다."

그 순간 모든 것이 밝아졌습니다.

'믿음이 있는데 내가 왜 좌절하고 있지?'

믿음만 있으면 우리는 아무 걱정할 것이 없습니다. 상황 때문에 두려운 것이 아닙니다. 하나님이 함께 계신 것을 믿지 않기 때문에 두려운 것입니다.

하나님은 우리에게 항상 좋은 것을 주고 싶어 하시고 우리가 잘 되기를 바라시고 축복해주시기를 원하십니다. 그러기 위해서는 우리에게 믿음이 있어야 합니다. 그리고 이 믿음을 가지고 기도를 해야 합니다. 그래야 하나님께서 역사해주십니다.

눈에 보이지 않는 하나님을 바라보고 신뢰하는 것이 믿음이라는 것을 자녀에게 꼭 가르쳐주시길 바랍니다.

23

예배 교육

✳

성경을 보면 하나님께 예배를 잘 드려서 복을 받은 사람도 있고 잘못된 예배를 드려서 심판받은 사람도 있습니다. 심판받은 대표적인 인물 중에 아론의 두 아들과 엘리 제사장의 두 아들이 있습니다.

예배 교육에 실패하다

아론은 두 아들 나답과 아비후의 예배 교육에 실패했습니다. 그래서 두 아들은 어떻게 됐습니까? 하나님께서 내리신 불에 타죽었습니다. 아론이 누구입니까? 이스라엘 민족 전체의 지도자인 모세의 형입니다. 아론은 모세가 애굽의 왕 바로 앞에 갈 때 같이 가서 모세 대신 하나님의 말씀을 바로에게 선포했습니다.

아론은 이스라엘 최초의 대제사장이 됩니다. 출애굽 이후에 하나님께서는 시내산에서 모세에게 십계명과 율법과 성막 설계도를 주셨습니다. 이제 이스라엘 민족이 하나님의 뜻에 맞게 예배를 잘 드리라는 것이었습니다. 모세는 하나님의 명을 받아 아론과 그의 두 아들 나답과 아비후를 제1대 제사장으로 임명하고 모든 이스라엘 사람들이 보는 앞에서 위임식을 멋지게 합니다. 아론과 그 아들들은 이스라엘 민족을 대표해서 예배를 잘 드려야 했습니다. 그런데 나답과 아비후는 자기 마음대로 예배를 드리다가 불에 타죽게 됩니다.

그리고 하나님은 9절에서 아론에게 이렇게 말씀하십니다.

너와 네 자손들이 회막에 들어갈 때에는 포도주나 독주를 마시지 말라 그리하여 너희 죽음을 면하라 이는 너희 대대로 지킬 영영한 규례라 레 10:9

9절을 볼 때 나답과 아비후는 술에 취해서 하나님이 정해주신 불이 아닌 엉뚱한 불을 가지고 예배를 드리다가 벌을 받은 것으로 보입니다.

사무엘상을 보면 자녀의 신앙 교육, 예배 교육에 실패해 풍비박산된 집안이 또 나옵니다. 바로 제사장 엘리 집안입니다. 엘리는 이스라엘 민족을 대표하는 대제사장이었습니다. 그런데 엘리의 두 아들 홉니와 비느하스가 속된 말로 개판을 칩니다. 그들은 대제사장인 아버지의 힘을 이용해서 온갖 나쁜 일을 저지릅니다.

두 아들은 예배를 멸시했습니다. 홉니와 비느하스는 하나님을 두려워하지 않았습니다. 그들은 제사장이 지켜야 하는 율법과 예배하는 법을 무시했습니다. 그들은 사람들이 하나님께 드리는 예물을 중간에 가로챘습니다. 자신들이 싱싱하고 좋은 고기를 먹기 위해서 백성들이 하나님께 바칠 고기의 기름을 태우기도 전에 백성들을 협박해서 빼앗아가는 악한 행동을 했습니다. 심지어 그들은 성막에서 하나님을 섬기는 여자들까지도 건드립니다. 이들의 악행은 이스라엘 모든 사람에게 알려지게 됩니다. 뒤늦게 엘리가 아들들을 가르치려고 하지만 이미 늦었습니다. 아버지의 훈계가 그들의 귀에 들어가지 않습니다.

엘리가 매우 늙었더니 그의 아들들이 온 이스라엘에게 행한 모든 일과 회막 문에서 수종 드는 여인들과 동침하였음을 듣고 그들에게 이르되 너희가 어찌하여 이런 일을 하느냐 내가 너희의 악행을 이 모든 백성에게서 듣노라 내 아들들아 그리하지 말라 내게 들리는 소문이 좋지 아니하니라 너희가 여호와의 백성으로 범죄하게 하는도다 사람이 사람에게 범죄하면 하나님이 심판하시려니와 만일 사람이 여호와께 범죄하면 누가 그를 위하여 간구하겠느냐 하되 그들이 자기 아버지의 말을 듣지 아니하였으니 이는 여호와께서 그들을 죽이기로 뜻하셨음이더라

삼상 2:22-25

엘리의 아들들은 아버지가 무슨 말을 해도 알아듣지 못합니다. 왜 그랬을까요? 엘리는 노인이 되어서야 아이들을 가르치려고 했습니다. 너무 늦었던 것입니다.

마땅히 행할 길을 아이에게 가르치라 그리하면 늙어도 그것을 떠나지 아니하리라 **잠 22:6**

어렸을 때 무엇이 가장 중요합니까? 바로 신앙교육입니다. 좋은 옷 입히고 좋은 것 먹이고 좋은 곳 데려가는 것보다 하나님의 법도를 가르치는 것이 우선순위 첫 번째입니다.

결국 하나님께서는 엘리 제사장에게 이렇게 말씀하십니다.

그런데 너희는 왜 여호와께 바치는 제물과 성물을 더럽히느냐? 너는 나보다 네 아들들을 더 귀하게 여기고, 이스라엘 사람들이 나에게 바치는 고기 중에서 제일 좋은 부분을 먹어 살이 쪘도다.

삼상 2:29, 쉬운성경

결국 홉니와 비느하스는 전쟁터에서 비참하게 죽게 됩니다. 그리고 블레셋 사람들에게 하나님의 법궤를 빼앗기게 됩니다. 엘리 제사장은 어떻게 되었을까요? 그는 두 아들이 전쟁터에서 죽었고 또 하나님의 법궤를 빼앗겼다는 소식을 듣고서 충격을 받고 의자에 앉아 있다가 뒤로 넘어져서 목이 부러져 죽습니다. 그리고 비느하스의 아내는 아이를 낳다가 '이가봇', 즉, 하나님의 영광이 떠났다고 비명을 지르며 죽습니다.

엘리의 아들들은 최고의 가문에서 최고의 것을 먹고 입고 누리며 살았지만, 예배에 실패한 그들은 결국 실패한 인생을 살았습니다.

예배의 실패는 결국 멸망

창세기 4장을 보면 아담과 하와는 에덴동산에서 쫓겨난 후 가인과 아벨을 낳습니다. 가인은 남자와 여자가 결합하여 태어난 인류 역사상 첫 번째 아이였습니다. 그런데 아담과 하와 부부는 맏아들인 가인의 자녀교육에 실패합니다. 가인은 가장 중요한 예배를 제대로 드리지 못합니다.

세월이 지난 후에 가인은 땅의 소산으로 제물을 삼아 여호와께 드렸고 아벨은 자기도 양의 첫 새끼와 그 기름으로 드렸더니 여

호와께서 아벨과 그의 제물은 받으셨으나 가인과 그의 제물은 받지 아니하신지라 창 4:3-5

예배의 실패는 무서운 결과를 가져옵니다. 예배의 실패는 예배의 실패로 끝나지 않습니다. 다른 모든 것의 실패로 이어집니다. 가인의 경우 예배의 실패는 살인으로 이어졌습니다. 부모의 곁을 떠나게 됐습니다. 여호와 앞을 떠나게 됩니다.

가인이 여호와 앞을 떠나서 에덴 동쪽 놋 땅에 거주하더니 창 4:16

가인은 여호와의 앞을 떠났습니다. 하나님과의 관계가 끊어졌습니다. 가인은 더 이상 하나님을 생각하는 사람이 아니었습니다. 생각 속에서 하나님을 지워버립니다. 가인은 에녹을 낳았습니다. 가인은 에녹에게 많은 관심을 기울입니다.

여기서 가인의 자녀인 에녹은 하나님께서 그토록 사랑하셨던 에녹과 이름만 같은 동명이인입니다. 아담과 하와는 아벨이 죽은 후에 다시 아들을 낳았는데 이름을 셋이라고 지었습니다. 그런데 셋의 후손 중에 에녹이 있었습니다. 셋의 후손인 에녹은 일생 동안 하나님과 동행한 사람이었습니다. 하나님께서 얼마나 사랑하셨는지 셋의 후손인 에녹은 죽기도 전에 하나님께서 천국으로 데리고 올라가셨습니다.

반면에 가인의 아들인 에녹은 하나님과 무관한 삶을 살았습니다. 아버지에게 신앙 교육을 받은 적이 없었기 때문입니다. 가인은 에녹을 낳은 후에 성을 쌓았는데 그 성에 아들의 이름을 붙여주었습니다. 가인은 에녹에게 그 성을 물려준 것으로 보입니다. 가인은 에녹에게 물질적인 유산을 주었지만 신앙의 유산은 물려주지 못했습니다. 가인은 자녀인 에녹을 우상처럼 중요하게 생각했습니다. 그래서 자신이 쌓은 성에 아들의 이름을 붙여준 것입니다.

그리고 가인의 후손 중에 라멕이 나옵니다. 라멕은 하나님의 원칙을 깨트립니다. 하나님께서는 한 남자가 한 여자와 연합하여 한 몸을 이룰 것을 원하셨는데 라멕은 두 아내를 얻습니다. 그리고 라멕의 또 다른 무서운 죄악은 살인이었습니다. 라멕은 사람을 죽였습니다. 그런데도 라멕은 사람을 죽인 것을 두려워하지 않고 오히려 사람 죽인 것을 자랑삼아 노래를 부릅니다. 그리고 라멕은 자신의 살인을 아내들에게 자랑스럽게 말합니다. 그는 하나님께 반역하는 길을 갑니다.

그 후 라멕의 후손 중에서 여러 분야의 전문가들이 나옵니다. 세상은 점점 편리해지고 재미있어집니다. 인간에게만 몰두하는 풍요로운 도시문화가 발달하게 됩니다. 이제 그들은 하나님을 다 잊어버리고 인간중심의 세상을 만들어갑니다.

반면에 가인의 막냇동생인 셋의 후손들은 완전히 다른 길을 갔습니다. 창세기 4장 26절을 보면 셋의 아들 때부터 여호와의 이름을 부르며 예배를 드리기 시작합니다. 그리고 셋의 후손 중에도 라멕이라는 이름을 가진 동명이인이 또 나옵니다. 셋의 후손인 라멕의 아들이 누구인지 아십니까? 바로 우리가 잘 아는 노아입니다. 결국 셋의 후손인 노아의 가족만 방주에서 살아남았고 가인의 후손은 모두 하나님께 멸망당했습니다.

예배의 실패는 결국 멸망으로 이어집니다. 당신은 자녀에게 무엇을 유산으로 남기려 하십니까? 물질입니까, 아니면 신앙입니까?

공부보다 예배가 먼저

인간에게 가장 중요한 주제는 바로 '예배'입니다. 하나님이 우리를 창조하신 목적은 영광을 받으시기 위해서였습니다. 즉, 예배가 바로 하나님이 인간을 창조하신 목적입니다. 우리는 하나님께 예배하도록 지음을 받았기 때문에 우리의 존재 이유가 예배입니다. 예배에 실패할 때 우리 존재의 목적이 흔들립니다. 예배를 드릴 때 우리는 내가 누구인지를 비로소 알게 되고 진짜 인간다워집니다.

많은 철학자가 '나는 누구인가'에 대해 깊이 고민했습니다. 이것은 예배를 통해 알게 되는 것입니다. 그리고 나를 위해서 하나님이 존재하시는 것이 아니라 하나님을 위해서 내가 존재하는 것을 분명히 알게 됩니다. 하나님이 나의 도구가 아니라 내가 하나님의 도구임을 깨닫게 됩니다.

나를 중심으로 세상이 돌고 있다는 나 중심의 생각이 깨지고 하나님을 중심으로 나를 비롯한 모든 사람과 만물이 돌고 있는 그 질서를 깨닫게 됩니다. 그리고 예배를 통해 하나님과 나의 관계가 다시 질서가 잡히고 나의 삶도 다시 질서가 잡힙니다. 예배를 통해서 내 생각에 다시 질서가 생깁니다. 그 질서를 통해 우리가 하나님의 품 안에서 평안함을 누리는 것입니다.

우리가 한계가 있는 존재임을 알게 되어 우리의 분수를 알게 됩니다. 헛된 욕심을 버리고 가치 있는 일에 집중하게 됩니다. 우리는 예배를 통해 우리가 신이 아니라 피조물임을 다시 한번 깨닫게 됩니다.

당신의 자녀는 주일에 예배를 잘 드리고 있습니까? 만약 우리가 주일에 예배를 빼먹고 자녀와 함께 놀러 간다면, 또 학원 가느라고 자녀가 예배를 드리지 않는다면 그것은 아이를 심각하게 망치고 있는 것입니다.

일주일에 한 번, 주일날 예배를 드리는 그 시간에 공부한다고 해서 공부를 잘하면 얼마나 더 잘하겠습니까? 만약 우리 자녀가 예배를 빼먹고 조금 더 공부해서 성적이 조금 더 오르고 조금 더 좋은 대학에 간들 그 인생이 하나님께 축복받는 인생이 되겠습니까? 예배에 실패하면 아무리 최고의 대학을 간다고 해도 결국은 언젠가 찾아오는 인생의 위기로 한 번에 무너질 수 있습니다.

저는 오랫동안 현장에서 학생들을 가르치면서 수천 명의 학생이 명문 대학에 진학하는 것을 보았습니다. 하지만 저는 일요일 오전에 수업해본 적은 단 한 번도 없습니다. 교회를 다니는 학생들은 일요일 오전에 예배드리고 오후에 수업받으러 왔습니다.

우선순위를 확실하게 지켜야 합니다. 공부보다 예배가 먼저입니다. 오늘부터라도 자녀에게 가장 중요한 것이 예배임을 가르쳐야 합니다.

24

빛의 자녀로 키워야 한다

✳

창세기 1장을 보면 하나님이 천지를 창조하십니다. 첫째 날은 딱 하나만 만드셨습니다. 바로 빛입니다!

하나님이 이르시되 빛이 있으라 하시니 빛이 있었고 창 1:3

하나님으로부터 오는 빛

이 빛을 태양의 빛이라고 오해하는 분이 있는데, 이 빛은 태양 빛이 아닙니다. 첫째 날에는 아직 태양이 만들어지지도 않았습니다. 하나님께서 태양은 넷째 날에 만드십니다.

사도 바울의 눈을 멀게 한 빛도 태양의 빛이 아닙니다. 사도행전을 보면 바울이 다메섹에 가까이 갔을 때 갑자기 정오에 빛을 봅니다. 그런데 정오의 빛보다 더 밝은 어떤 빛이 사도 바울을 비춥니다. 그때 사도 바울의 눈이 멀어버립니다. 강력한 그 빛, 그 빛은 바로 하나님으로부터 온 빛, 하나님의 빛이었습니다.

저의 집에는 예수님의 그림이 하나 걸려 있습니다. 이 그림을 그린 화가는 아주 유명한 화가였는데 하나님을 믿게 되면서 생전에 예수님을 그려보고 싶었다고 합니다. 그런데 꼭 직접 보고 그리고 싶어서 매일 새벽 4시 정도에 일어나서 기도했습니다. '하나님! 제가 예수님의 모습을 그리려고 하는데 딱 한 번만 직접 모습을 보여주세요'라고 매일 기도했습니다.

하루가 지나고 이틀이 지나고 한 달이 지나고 석 달이 지나도 아무 소식이 없었습니다. 100일이 훨씬 더 지난 어느 날 새벽에 기도하는데 갑자기 어떤 빛이 얼굴에 비치는 것을 느꼈습니다. 너무 밝아서 눈을 꼭 감고 양손으로 두 눈을 가려도 그 빛이 얼마나 강한지 손을 뚫고 감은 눈으로 빛이 들어왔습니다. 그 빛이 너무 눈이 부셔서 엎드려서 한참을 있었다고 합니다.

시간이 많이 지나자 조금씩 빛이 약해져서 눈을 뜰 수 있게 되었습니다. 그리고 느낌이 이상해서 위를 쳐다보았는데 하늘에서 예수님께서 팔을 벌리고 이 화가를 내려다보고 계셨습니다. 화가는 급히 붓을 들어 그림을 그리기 시작했습니다. 그리고 예수님의 그림을 완성했다고 합니다.

하나님의 빛으로 어두움이 사라지다

빛이 만들어지기 전에 세상은 어떤 모습이었을까요?

땅이 혼돈하고 공허하며 흑암이 깊음 위에 있고 하나님의 영은
수면 위에 운행하시니라 창 1:2

세상은 혼돈 속에 있었습니다. 공허했습니다. 어둠이 깊었습
니다. 캄캄한 텅 빈 공간이었습니다. 무질서하고 혼란한 상태
였습니다. 이때 하나님께서는 말씀으로 빛을 창조하셨습니다.
하나님의 존재로부터 나오는 그 빛이 모든 혼돈과 공허함과
어둠을 한 번에 사라지게 합니다.

나는 빛으로 세상에 왔나니 무릇 나를 믿는 자로 어둠에 거하지
않게 하려 함이로라 요 12:46

출애굽기를 보면 애굽 땅에 모세를 통해서 열 가지 재앙이
내려집니다. 첫 번째 재앙부터 열 번째 재앙까지 재앙의 수위는
점점 높아집니다. 그중에 혹시 아홉 번째 재앙이 무엇인지 아십
니까? 애굽의 온 땅이 어둠으로 뒤덮입니다.

여호와께서 모세에게 이르시되 하늘을 향하여 네 손을 내밀어

애굽 땅 위에 흑암이 있게 하라 곧 더듬을 만한 흑암이리라 모세가 하늘을 향하여 손을 내밀매 캄캄한 흑암이 삼 일 동안 애굽 온 땅에 있어서 그동안은 사람들이 서로 볼 수 없으며 자기 처소에서 일어나는 자가 없으되 온 이스라엘 자손들이 거주하는 곳에는 빛이 있었더라 출 10:21-23

애굽에 태양 빛이 사라졌습니다. 깊은 어둠이 왔습니다. 그런데 이스라엘 백성들 위에만 빛이 비칩니다. 그 빛은 바로 하나님의 빛이었습니다. 애굽에서 노예로 살던 이스라엘 사람들에게 구원의 빛이 비칩니다. 430년 동안의 노예 생활의 끝이 보이는 순간입니다.

요한복음 8장 12절을 보면 예수님은 스스로 빛이라고 선포하십니다.

"예수께서 또 말씀하여 이르시되 나는 세상의 빛이니 나를 따르는 자는 어둠에 다니지 아니하고 생명의 빛을 얻으리라."

예수님의 빛은 어둠을 멸하십니다. 캄캄한데 불을 켜면 어두움은 그냥 사라져버리고 마는 것입니다. 모든 혼돈과 공허와 흑암의 깊은 것들을 다 한순간에 사라지게 만드는 이 빛이 있으라고 하는 하나님의 말씀, 그 말씀이 지금도 우리 곁에 있습니다. 바로 성경입니다. 우리가 성경 말씀을 보면 우리 삶에 있는 혼돈과 공허함과 그 모든 어두움이 다 없어집니다.

많은 사람의 마음속에 어둠이 있습니다. 우울, 불안, 미움, 분노, 초조, 절망, 좌절, 음란이 있습니다. 하나님의 말씀을 보면 우리의 마음에 빛이 비칩니다. 성경은 말씀이 바로 하나님의 빛이라고 얘기하고 있습니다.

하나님의 빛이 나에게 비춰질 때 드디어 지긋지긋한 나의 어둠이 사라지게 됩니다. 우리가 빛 가운데 거하면 마귀는 자동으로 우리를 떠나갑니다. 마귀는 빛 가운데 있을 수가 없기 때문입니다. 예수님의 빛이 비치면 우리는 드디어 죄에서 자유를 얻게 됩니다.

빛과 어두움은 공존할 수 없다

빛이 하나님이 보시기에 좋았더라 하나님이 빛과 어둠을 나누사
창 1:4

하나님은 빛과 어둠을 구분하셨습니다. 빛과 어둠은 공존할 수가 없습니다. 크리스천은 완전히 빛에 속한 사람들을 부르는 용어입니다. 주님의 빛을 받으며 주님 편으로 완전히 넘어온 사람들을 말하는 것입니다.

하나님께 중간지대는 없습니다. 우리는 빛이거나 어둠, 그

둘 중 하나에 속해 있습니다. 우리는 죽어서도 빛의 공간인 천국이나 어둠의 공간인 지옥 중 한 곳으로 가는 것이 결정됩니다. 하나님의 자녀들은 구별된 삶을 살아야 합니다. 그것이 우리의 운명이고 지극히 당연한 일입니다.

> 우리가 그에게서 듣고 너희에게 전하는 소식은 이것이니 곧 하나님은 빛이시라 그에게는 어둠이 조금도 없으시다는 것이니라 만일 우리가 하나님과 사귐이 있다 하고 어둠에 행하면 거짓말을 하고 진리를 행하지 아니함이거니와 그가 빛 가운데 계신 것 같이 우리도 빛 가운데 행하면 우리가 서로 사귐이 있고 그 아들 예수의 피가 우리를 모든 죄에서 깨끗하게 하실 것이요 요일 1:5–7

세상에서 기쁨을 추구한다면 하나님의 품 안에서 하나님께서 허락하시는 선 안에서만 기쁨을 추구해야 합니다. 그 선을 넘으면 절대 안 됩니다. 그 선을 넘으면 기쁨은 쾌락이 되고 방종이 됩니다. 그 선을 넘으면 어둠으로 가게 됩니다. 한번 들어서면 길을 잃을 수도 있습니다. 어둠 속에서는 길이 잘 보이지 않아 돌아오지 못할 수도 있습니다.

절대 그 선을 넘지 마십시오. 하나님은 우리 인생에서 우리가 돌이킬 기회를 참 많이 주십니다. 그럼에도 불구하고 돌이키지 않으면 우리는 어둠으로 들어가게 됩니다. 어둠의 권세의 손아귀로 들어갑니다. 그 어둠의 주인인 사탄이 우리에게 원하는 것은 하나밖에 없습니다. 우리의 파멸! 사탄은 결국 지옥으로 몰아갑니다.

> 너희가 전에는 어둠이더니 이제는 주 안에서 빛이라 빛의 자녀들처럼 행하라 빛의 열매는 모든 착함과 의로움과 진실함에 있느니라 … 그러나 책망을 받는 모든 것은 빛으로 말미암아 드러나나니 드러나는 것마다 빛이니라 그러므로 이르시기를 잠자는 자여 깨어서 죽은 자들 가운데서 일어나라 그리스도께서 너에게 비추이시리라 하셨느니라 엡 5:8,9,13,14

우리 안에 숨어 있는 어두움

저는 모태신앙으로 믿음 좋은 부모님 밑에서 자라 평생 교회에 빠져본 적이 없습니다. 남에게 특별히 나쁜 짓을 한 적도 없는 저는 스스로 나름 괜찮은 사람이라고 생각했습니다. 그런데 하나님께서 처음으로 제 안에 있는 어둠을 보여주셨습니다. 마음속 저 깊은 곳에 있던 그 바닥을 열고 더 깊은 곳으로 들어가서 그 안에 깊이 숨어 있는 저의 어둠을 보여주셨습니다. 그 당시 저는 호주를 여행하고 있었는데 겉으로는 여행하고 있었지만 실제로는 이 문제로 여행을 제대로 할 수가 없었습니다.

그때 저는 저에게 깊은 실망을 했습니다. 제 안에 이렇게 악한 어둠이 숨어 있다니 그것은 충격 그 자체였습니다.

그때 제 안에 있는 더러움을 본 저는 제가 죄인임을 고백할 수밖에 없었습니다. 왜 하나님을 믿지 않는 사람들이 선행을 많이 해도 지옥에 가는지 정확하게 알게 되었습니다. 겉으로는 아무리 괜찮아 보이는 사람이라도 마음속 깊은 곳에는 치명적인 어두움을 가지고 있는 존재라는 것을 알게 되었습니다.

세상과 양다리 걸치던 저는 이렇게 강권하심으로 하나님께로 완전히 넘어왔습니다. 그리고 새로운 세상을 보았습니다. 그것은 제가 태어나서 한 번도 경험해보지 못한 세상, 두려움이 없는 세상, 말할 수 없는 평안의 세계였습니다. 세상이 줄 수 없던 평안. 그 많던 근심을 하나님께서 싹 다 없애주셨습니다. 밤에 자다가 근심 때문에 중간에 깨던 일이 없어졌습니다. 그리고 그 후에 분명히 근심될 만한 일이 일어나도 근심이 안 되는 것이 저는 너무 신기했습니다.

그 이후 저는 조금씩 빛에 가까이 가려고 노력하며 살았습니다. 빛에 가까이 다가가면 불편한 점이 있습니다. 나의 내면에 숨어 있던 악한 것이 계속 드러난다는 것입니다. 자신도 생각하지 못했던 자신의 추한 것을 태어나서 처음으로 직면할 때 느끼는 감정은 결코 좋지 않습니다. 내 안에 보고 싶지 않은 나를 보고, 인정하고 싶지 않은 나의 실체를 인정해야만 하는 순간, 그 순간은 고통스럽고 당황스럽고 부끄러웠습니다.

마귀는 이 순간을 놓치지 않습니다. 우리가 태생적으로 주님과 반대쪽에 있다고 속삭이며 너 같이 주님을 사랑하지 않는 사람이 어떻게 주님 편에 있냐고 말합니다. 포기하라고 합니다. 그냥 살던 대로 살라고 합니다. 다시 추한 마음을 숨기라고 합니다. 마음속 깊은 곳에 그런 추한 마음을 꼭꼭 숨기라고 합니다.

하지만 우리는 반대로 해야 합니다. 숨을 필요가 없습니다. 더 드러나야 합니다. 이것은 반드시 우리가 넘어야 하는 산입니다. 우리 마음 깊은 곳에 숨어 있는 모든 더러움이 빛 가운데 다 드러나야 합니다. 그리고 이런 것들이 다 주님 앞에 드러날 수 있도록 기도해야 합니다.

"주님 제 안에 있는 모든 더럽고 악한 마음이 다 드러나게 하소서! 제가 다 알게 하시고 회개하게 하소서! 저의 악함을 모두 자백하고 고백하게 하소서!"

우리의 실체를 주님 손에 올려드리면 주님이 이제 치료하십니다. 주님의 치료의 빛으로 우리는 조금씩 선해지는 것입니다. 그 순간을 버텨내면 그 악함은 조금씩 치료됩니다. 드러나는 것이 은혜입니다. 축복입니다. 나의 모든 추악함이 드러나는 것은 너무 감사한 일입니다. 회개할 기회를 얻고 새롭게 될 기회를 얻는 것입니다.

우리 안에 있는 성령의 빛

제가 본격적으로 인터넷 강의를 시작할 때 주님께서 이사야서 60장 1절 말씀을 주셨습니다.

"일어나라 빛을 발하라 이는 네 빛이 이르렀고 여호와의 영광이 네 위에 임하였음이니라."

지금도 세븐에듀 회사 안에는 이 말씀이 멋지게 불이 들어오는 구리 동판 작품으로 만들어져 있습니다. 저는 그 당시 이 말씀을 이미지화해서 이해하고 있었는데, 터무니없이 엉뚱하게 이해하고 있었다는 사실을 한참 후에 알게 되었습니다.

저는 처음에는 하늘에서 하나님께서 땅에 서 있는 저에게 빛을 비추시면 제가 그 빛을 반사하는 거울이 되어 다른 사람들에게 빛을 비춘다고 상상하고 있었습니다. 그로부터 6년 후 소그룹에서 자신의 비전을 나누던 중 제가 잘못 이해하고 있다는 것을 알게 되었습니다. "일어나라 빛을 발하라"라는 말씀은 제 안에 있는 성령님의 빛이 저를 통하여 다른 사람들에게 빛을 비춘다는 말씀이었습니다.

지금 생각해보면 말도 안 되는 이야기지만 저는 성령님께서 제 안에 계신다는 개념이 그동안 아주 약했던 것입니다. 충격적인 것은 제가 모태신앙으로 태어나서 교회를 한 번도 빠져본 적이 없었고, 그 당시 교회에서 안수집사였다는 사실입니다.

지금도 저는 오랫동안 하나님께서 하늘에 계신다고 생각하며 신앙생활을 해온 저 자신이 이해가 안 갑니다. 하지만 이제는 하나님께서 성령님으로 제 안에 오셔서 제 안의 어둠을 밝히시고 저의 주님으로 확고히 자리를 잡고 계심을 믿으며 저를 통하여 그 빛이 다른 사람들에게 전해지고 있음을 믿습니다. 그래서 저는 제가 그냥 수학 강사가 아닌 하나님의 영광을 드러내는 빛의 강사임을 명심하고 그 역할을 잘 감당하기 위해 오늘도 더 열심히 수학을 가르치고 있습니다.

어둠의 자녀가 아닌 빛의 자녀로

심판의 날, 수많은 우리의 악함을 미처 깨닫지 못해 회개하지 못한 것을 심판대 위에서 알게 된다면? 주님이 "넌 악하다!"라고 심판대 위에서 말씀하신다면? 이것은 정말 두려운 일입니다. 우리에겐 아직 기회가 있습니다.

우리는 빛의 자녀들입니다. 이제 '어둠의 자녀'처럼 살면 안 됩니다. 그러기 위해서 먼저 하나님 앞에서 비밀을 만들지 마십시오. 하나님께서 다 드러나게 하십니다. 숨긴 일이 드러나면 우리는 수치를 겪게 됩니다.

숨은 것이 장차 드러나지 아니할 것이 없고 감추인 것이 장차 알려지고 나타나지 않을 것이 없느니라 눅 8:17

마귀는 우리를 자꾸 어딘가 뒤로 숨게 만듭니다. 그래서 저는 어릴 때 하면 안 되는 놀이 중에 하나가 숨바꼭질이라고 생각합니다. 마귀는 어릴 때부터 숨는 것을 훈련시킵니다.

빛이 하나님이 보시기에 좋았더라 하나님이 빛과 어둠을 나누사
창 1:4

창세기 1장 4절을 보면, 하나님은 빛과 어둠을 구분하셨습니다. 빛과 어둠은 공존할 수가 없습니다. 하나님의 자녀들은 구별된 삶을 살아야 합니다. 그것이 우리의 운명이고 지극히 당연한 일입니다. 아직도 세상과 주님 사이에서 양다리를 걸치고 있다면 빛과 어둠이 공존할 수 있다고 착각하는 것입니다.

우리가 그에게서 듣고 너희에게 전하는 소식은 이것이니 곧 하나님은 빛이시라 그에게는 어둠이 조금도 없으시다는 것이니라 만일 우리가 하나님과 사귐이 있다 하고 어둠에 행하면 거짓말을 하고 진리를 행하지 아니함이거니와 요일 1:5,6

저는 찬송가 428장 〈내 영혼에 햇빛 비치니〉라는 찬양을 좋아합니다. 이 찬송가의 작사가 히윗 여사는 평생을 독신으로 살며 주일학교 교육에 헌신했습니다. 그녀는 허리 부상으로 병

상 생활을 하던 중에 산책하다가 공원의 아름다운 경치와 찬란한 햇빛이 온 마음속에 가득 차는 것을 경험하면서 이 찬송시를 쓰게 되었습니다.

크리스천은 완전히 빛에 속한 사람들을 부르는 용어입니다. 주님의 빛을 받으며 주님 편으로 완전히 넘어온 사람들을 말하는 것입니다. 우리는 빛의 자녀들입니다. 이제 '어둠의 자녀'처럼 살면 안 됩니다.

너희가 전에는 어둠이더니 이제는 주 안에서 빛이라 빛의 자녀들처럼 행하라 엡 5:8

25

사랑이 전부다

✳

서기관 중 한 사람이 그들이 변론하는 것을 듣고 예수께서 잘 대답하신 줄을 알고 나아와 묻되 모든 계명 중에 첫째가 무엇이니이까 예수께서 대답하시되 첫째는 이것이니 이스라엘아 들으라 주곧 우리 하나님은 유일한 주시라 네 마음을 다하고 목숨을 다하고 뜻을 다하고 힘을 다하여 주 너의 하나님을 사랑하라 하신 것이요 둘째는 이것이니 네 이웃을 네 자신과 같이 사랑하라 하신 것이라 이보다 더 큰 계명이 없느니라 막 12:28-31

성경 한 권을 한 줄로 요약하면 "하나님을 사랑하고 이웃을 사랑하라"입니다. 주님이 가장 중요하게 생각하시는 것이 바로 이 두 가지입니다.

하나님을 사랑하고 이웃을 사랑하라

이웃을 자신과 같이 사랑하며 살고 있습니까? 많은 크리스천이 하나님은 사랑한다고 하면서 이웃은 사랑하지 않는 것 같습니다. 하나님을 사랑하는 사람이 하나님이 가장 중요하다고 생각하시는 것 두 가지 중의 한 가지를 그다지 중요하게 생각하지 않는다면 과연 하나님을 사랑하는 마음은 진짜일까요?

제가 잘 아는 어느 기독교 기업을 경영하는 대표님이 겪으셨던 이야기입니다. 어느 날 산책을 하던 중에 몸에 이상을 느껴져 급히 사모님을 불러 인근 병원의 응급실로 가셨다고 합니다. 그런데 응급실에 도착했을 때 그 대표님은 이미 의식이 없는 상태였습니다.

의사들이 제세동기로 심장에 전기 충격을 주는 동안 대표님의 영은 심판대로 향하고 있었습니다. 주위에는 아무것도 없는데 옆에 어떤 분이 길을 안내하며 함께 걷고 있었습니다. 옆에 있는 그 분은 얼굴은 잘 안 보이는데 천사가 아니면 예수님이었던 것 같다고 하셨습니다. 그 대표님은 심판대 위에 올라가면 무엇을 물어보는지 미리 알고 싶어서 옆에 함께 걷는 분에게 물어보았다고 합니다.

"심판대에 올라가면 무엇을 물어보나요?"

그랬더니 '네가 세상에서 얼마나 사랑하다 왔는지 그것을 물어본다'고 답했다고 합니다. 단, 너를 사랑해주는 사람을 사랑한 것은 빼고!

　그 대답을 듣는 순간 그 대표님은 의식을 되찾았습니다. 의사들이 가슴에 얼마나 많이 전기 충격을 가했는지, 가슴은 제세동기 모양의 화상 자국이 가득했습니다. 그 후 그 대표님의 삶은 180도 바뀌었습니다.

　십자가를 보면 사랑의 의미가 담겨 있습니다. 수직적으로는 하나님을 사랑하고 수평적으로는 이웃을 사랑하라는 것입니다. 이때 균형이 중요합니다. 하나님을 사랑하는데 이웃은 사랑하지 않거나, 이웃은 사랑하는데 하나님을 사랑하지 않으면 균형이 무너진 것입니다.

사랑한 것만 남는다

　십계명 중의 절반은 이웃을 사랑하라는 계명입니다. 많은 크리스천이 하나님과의 수직적인 관계는 좋지만, 이웃을 사랑하는 수평적인 관계는 그다지 좋은 것 같지 않습니다. 그래서 교회 안에서도 하나님을 잘 믿는다고 하는데 성도들끼리는 싸웁니다.

　우리는 다른 사람에게 사랑이 없으면 무관심합니다. 제가 오래전에 아주 유명한 분과 두 시간 정도 대화를 한 적이 있습니다. 그리고 아주 신기한 경험을 했습니다. 제가 대화가 끝나고 생각해보니 그 분은 제게 두 시간 동안 단 한 개의 질문도 하지 않았습니다. 저에게 전혀 관심이 없는 것이었습니다. 사랑이 조금도 없는 것이었습니다. 제가 묻는 것에 대답해주신 것은 감사했지만 저와 시간을 많이 보내주신 것은 저에게 다른 목적이 있으셨다는 생각이 듭니다.

저는 교회 강연도 많이 갑니다. 그런데 의외로 교회 관계자들이 아주 냉담하게 대하는 경우가 있습니다. 초청한 강사에게 그렇게 대하는 것이 저는 이상하다고 생각했습니다. 이제 저는 크리스천들을 만나면 사랑이 있는지를 잘 살핍니다. 진짜 예수님의 제자라면, 진짜 크리스천이라면 사랑이 있어야 진짜 아닐까요?

그런즉 믿음, 소망, 사랑, 이 세 가지는 항상 있을 것인데 그 중의 제일은 사랑이라 고전 13:13

'나만 행복해야지' 하는 계획은 반드시 실패합니다. 나만의 행복을 위해 살다가는 결국은 불행해집니다. 우리 가족만 사랑해서는 안 됩니다. 우리 인생은 한마디로 사랑하는 것입니다. 사랑한 것만 남습니다.

편안한 곳이 아니라 필요한 곳으로

'밀림의 성자'로 불리는 슈바이처 박사는 아프리카에서 반평생 동안 의료선교를 하며 전도와 환자 진료에 전념하였습니다. 그는 1913년부터 1965년까지 가봉의 랑베레네에서 흑인들과 함께 살며 예수님의 사랑을 실천했습니다.

그는 의사였고 선교사였으며 음악가였습니다. 1952년 노벨 평화상을 수상하며 받은 상금으로 나환자촌(癩患者村)을 세웠습니다. 그가 이렇게 남을 위해 살겠다고 한 계기가 있었습니다. 그는 목사님의 아들이었는데, 교회 주변에 사는 동네 사람들은 대부분 가난한 농부들이었습니다.

어느 날 덩치 큰 아이가 그에게 시비를 걸어 왔습니다. 싸움이 붙자 의외로 덩치 큰 아이가 슈바이처에게 상대가 되지 않는 것이었습니다. 슈바이처가 그 아이를 땅바닥에 쓰러트리고 주먹으로 얼굴을 치려고 하는 순간 그 아이가 크게 울면서 소리쳤습니다.

"야, 나도 너처럼 고깃국을 먹었으면 너 따위는 문제없어!"

이 말을 들은 슈바이처는 큰 충격에 빠졌습니다. 그 가난한 아이에게 너무나 미안했습니다. 슈바이처는 가난한 사람들을 위해 살아야겠다고 생각을 하게 됩니다. 그리고 검소한 생활을 시작합니다. 스물세 살 때는 이런 글을 남겼습니다.

"1898년의 어느 청명한 여름날 아침, 나는 귄스바흐에서 눈을 떴다. 그날은 성령강림절이었다. 이때 문득 이러한 행복을 당연한 것으로 받아들일 것이 아니라, 여기에 대해 나도 무엇인가 베풀어야만 되겠다는 생각이 들었다. 내가 이러한 생각과 씨름을 하는 동안 바깥에서는 새들이 지저귀고 있었는데, 나는 자리에서 일어나기 전에 조용히 생각해본 끝에 서른 살까지는 학문과 예술을 위해 살고, 그 이후부터는 인류에 직접 봉사하기로 마음을 정했다."

슈바이처는 서른 번째 생일날 아프리카에서 일생을 바치기로 하고 아프리카에서 봉사하려면 먼저 의사가 되어야겠다고 생각합니다. 그리고 서른 살의 나이에 의학 공부를 시작합니다. 그와 뜻을 함께한 헬레네라는 아가씨도 슈바이처를 돕기 위해 간호사 공부를 합니다.

힘든 공부를 마치고 의사 시험에 합격해 의학 박사 학위까지 받은 슈바이처는 무엇 하나 부러운 것이 없었던 삶을 뒤로한 채 헬레네와 결혼을 한 후 그녀와 함께 38세의 나이에 교수직도 버리고 아프리카로 떠납니다. 그리고 흑인들을 위해 일생을 바쳤습니다. 그는 병원에 필요한 돈을 벌기 위해 틈틈이 피아노 연주회와 강연회도 합니다.

그의 유명한 일화가 있습니다. 슈바이처가 노벨상 시상식에 참석하기 위해 파리에 도착한다는 소식을 듣고 그와 인터뷰하기 위해 많은 기자들이 그가 탄 기차로 몰려갔습니다. 슈바이처는 영국 황실로부터 백작 칭호까지 받은 귀족이었기 때문에 당연히 특실에 탔을 것으로 생각하고 특실에 갔으나 거기에 그는 없었습니다. 기자들이 일등칸과 이등칸도 가보았지만 거기에도 없었습니다.

그래서 기자들은 그를 찾지 못하고 돌아갔습니다. 그러다 한 기자가 혹시나 하고 삼등칸을 가보았는데 거기에 슈바이처 박사가 있었습니다. 그곳은 가난한 사람들이 딱딱한 나무 의자에 꽉 끼어서 앉아 있었고 심한 악취가 났습니다. 기자는 구석에서 그들을 진찰하고 있는 슈바이처 박사를 발견하였습니다. 놀란 기자가 그에게 물었습니다.

"선생님 왜 냄새나고 불편한 삼등칸에서 이렇게 힘들게 계십니까?"

슈바이처 박사는 이렇게 대답했습니다.

"저는 편안한 곳을 찾아다니는 것이 아니라, 저의 도움이 필요한 곳을 찾아다니는 것입니다. 특실의 사람들은 저를 필요로 하지 않습니다."

또 그는 이런 명언을 남겼습니다.

"누구에게나 고통스러운 순간이 있다. 그럴 때에는 더 큰 아픔을 겪고 있는 다른 사람의 고통을 자신이 덜어줄 수 있다고 생각하라."

인생은 사랑을 배우기 위한 수업

죽을 때 더 사랑하지 못한 것을 후회하고 죽는다고 합니다. 죽을 때 "아, 내가 좀 더 즐겼어야 하는데" 이러는 사람은 없습니다. "아, 내가 좀 더 유명해졌어야 하는데" 이런 사람도 없습니다. 죽을 때는 사랑하는 사람을 찾습니다.

사랑하지 않으면 우리의 존재는 아무것도 아닙니다. 우리는 사랑하기 위해 지음을 받았고 그래서 사랑하기 위해서 공부도 하고 돈도 벌고 열심히 일도 하는 것입니다.

심판대에서 "너는 얼마나 사랑했느냐?"라는 질문에 답변을 잘하기 위해서는 공동체 안에서도 열심히 일하는 것보다 열심히 사랑하는 것이 더 중요합니다. 인생은 사랑을 배우기 위한 수업(커리큘럼)입니다. 이제부터라도 우리의 도움이 필요한 사람들에게 그리스도의 이름으로 그들의 손을 잡아주고 그들을 위로하며 그들의 눈물을 닦아주면 어떨까요? 더 늦기 전에 사랑하기 위해 삽시다!

자녀를 위한 기도 ~~~~~~~~~~~~~

주님!

오늘도 새로운 날을 주셔서 감사합니다.

하루하루를 주님이 주시는 기쁨의 선물로 여기겠습니다.

저희 가정에 이렇게 귀한 자녀를 주셔서 감사합니다.

제가 주님 안에서 자녀를 잘 양육할 수 있도록 도와주세요.

자신의 마음대로 사는 것이 아니라

주님의 뜻대로 사는 자녀가 되게 해주세요.

주님께 늘 순종하게 해주세요. 꼭 주님의 길로 이끌어주세요.

주님! 자녀의 인생을 통해서 꼭 영광 받아주세요.

오늘도 자녀에게 힘을 주세요. 주님과 함께 승리하게 해주세요.

주님의 뜻을 깨닫게 해주세요.

주님! 자녀를 꼭 만나주세요. 성령 충만하게 해주세요!

자녀가 주님과 동행하는 인생을 살게 해주세요!

주님의 일꾼이 되게 해주세요.

✳

매일 성경 말씀 보고 기도하는 자녀가 되게 해주세요.

기도 생활, 믿음 생활 잘 할 수 있게 해주세요.

죄를 지으면 곧바로 회개할 수 있게 해주세요.

예배 잘 드려서 예배에서 승리하게 해주세요.

거룩하고 구별된 자녀가 되게 해주세요.

늘 기뻐하고 웃게 해주세요. 늘 감사로 찬양하게 해주세요.

마음이 평안하게 해주세요!

주님과 함께하는 참된 평안이 깨지지 않게 해주세요.

주님이 주시는 꿈을 꾸게 해주세요. 주님과 같은 꿈을 꾸게 해주세요.

세상의 헛된 꿈을 꾸지 않게 해주세요.

헛된 것에 마음을 빼앗기지 않게 해주세요.

자신의 꿈만 이루는 것이 아니라

다른 사람의 꿈도 이루어질 수 있도록 돕는 인생이 되게 해주세요.

주님의 뜻과 계획을 알려주세요.

주님이 주신 달란트를 깨닫게 해주세요.

그리고 자신의 달란트에 집중하게 해주세요.

주님이 주신 달란트를 잘 발휘하게 해주세요.

주님이 주신 비전을 하나하나 다 파악할 수 있도록 지혜를 주세요.

성령님의 열정을 주세요.

주님 안에서 진정한 만족과 행복을 누리게 해주세요.

예수님 한 분이면 충분하다는 것을 늦기 전에 깨닫게 해주세요.

주님이 주신 이 아름다운 세상을

주님과 함께 감사함으로 누리게 해주세요.

자신의 정체성을 엉뚱한 곳에서 찾는 것이 아니라

예수 그리스도 안에서 찾게 해주세요.

예수님의 품성을 닮게 해주세요. 예수님처럼 겸손하게 해주세요.

세상적인 가치관에 물들지 않게 하시고

세상의 그 무엇보다도 주님을 사랑하게 해주세요.

주님의 날개로 품어주세요.

평생 주님의 품 밖을 나가지 않게 해주세요.

주님, 자녀의 건강을 지켜주세요.

아침, 점심, 저녁 꼭꼭 씹어서 잘 먹게 해주세요.

소화가 잘되게 해주세요.

영양부족이 되지 않도록 충분한 영양을 공급받게 해주세요.

편식하지 않게 해주세요. 음식에 비위 상하지 않게 해주세요.

몸에 해로운 것을 먹지 않게 해주세요.

배가 아프지 않게 해주세요.

머리 아프지 않게 해주세요. 키도 크게 해주세요.

큰 믿음을 주시고 두려움이 없어지게 해주세요. 자신감을 주세요.

예민하지 않게 해주세요. 외롭지 않게 해주세요.

자녀에게 좋은 선생님과 좋은 친구들을 붙여주세요.

학교에서 친구들과 잘 지내게 해주세요.

돕는 사람을 붙여주세요. 믿음의 사람들을 붙여주세요.

힘을 주세요. 담대하고 강한 마음을 주세요.

우울한 생각이 들지 않게 해주시고

슬픔 속으로 빠져들지 않게 해주세요.

음란해지지 않게 해주세요.

자녀의 마음속에 있는 어둠에 예수님의 빛을 비춰주세요.

모든 어둠이 떠나가게 해주세요. 죄를 짓지 않게 해주세요.

하나님을 가장 사랑하고 가장 두려워하는 자녀가 되게 해주세요.

거짓말하지 않게 해주세요. 정직한 영이 되게 해주세요.

공부도 잘 할 수 있게 도와주세요. 공부할 때 주님의 지혜를 주세요.

공부할 때 잡념이 사라지게 해주시고 집중하게 해주세요.

공부할 때 졸리지 않게 해주시고

산만하게 만들고 순간순간 엉뚱한 곳으로 생각을 유도하려는

악한 영의 공격으로부터 지켜주세요.

공부하는 모든 내용이 이해가 잘 되게 하시고

오랫동안 기억나게 해주세요.

공부하는 목적이 하나님의 영광을 위한 일임을 잊지 않게 해주시고

주님에게 쓰임 받는 사람이 되게 해주세요.

주님! 자녀가 공부를 즐기게 해주시고 공부의 참맛을 알게 해주세요.

인내심과 성실함을 주세요!

열심히 노력할 수 있도록 강한 열정과 체력을 허락해주세요.

실패하더라도 다시 일어설 힘과 용기를 주세요.

잠을 잘 잘 수 있게 해주세요.

주님! 오늘 밤 잠잘 때 자녀를 꼭 안아주세요.

주님의 품 안에서 깊이 잠들게 해주세요.

푹 쉬게 해주세요. 잠자는 동안 깨지 않게 해주세요.

물질을 아낄 수 있게 해주세요.

주님이 주신 물질을 가난한 이웃과 나누어 쓸 수 있게 해주세요.

이웃을 사랑하는 자녀가 되게 해주세요.

오고 가는 길 안전하게 지켜주세요!

눈을 아끼게 해주세요.

어두운 곳에서 컴퓨터, 핸드폰 안 보게 해주세요.

시력이 좋아지게 해주세요.

인터넷에서 나쁜 콘텐츠를 보지 않게 해주세요.

성령님께서 절제할 수 있게 도와주세요.

나이에 맞는 콘텐츠만 보게 해주세요.

이미 본 나쁜 콘텐츠가 있다면 주님의 보혈로 덮어주세요.

머릿속에서 삭제되어 기억이 나지 않게 해주세요.

나쁜 습관이 생기지 않게 해주세요.

자녀에게 안 좋은 모든 것을 없애주세요.

﹡

주님, 제가 얼마나 사랑하는지 자녀가 알게 해주세요.

성령님, 제가 자녀를 위해 매일 기도하게 도와주세요.

﹡

주님, 저는 아무것도 모릅니다.

저와 제 자녀를 불쌍히 여겨주세요.

자녀를 주님 손에 맡깁니다. 주님 손에 올려드립니다.

주님, 꼭 도와주세요! 주님을 전적으로 신뢰합니다.

예수님의 이름으로 기도드립니다. 아멘!

공부 시작 전에 하는 기도

주님!

제가 지금부터 공부하려고 합니다.

잡념이 사라지고 공부에 집중하게 해주세요.

졸리지 않게 해주세요.

저를 산만하게 만들고 순간순간 제 생각을 빼앗아 가는

악한 영으로부터 저를 지켜주세요.

지금 공부하는 모든 내용이 이해가 잘 되게 하시고

앞으로 오랫동안 기억나게 해주세요.

제가 공부하는 목적이 하나님의 영광을 위한 일임을

잊지 않게 해주시고

주님께 쓰임 받는 사람이 되게 해주세요.

주님, 제가 공부를 즐기게 해주시고 공부의 참맛을 알게 해주세요.

주님, 제게 인내심과 성실함을 주세요.

제가 후회가 없도록 최선을 다해서 공부하게 해주세요.

제가 배우고 익힌 지식과 지혜를

주님이 보시기에 아름다운 세상으로 만들어가는 데

사용하도록 이끌어주세요.

제가 열심히 노력할 수 있도록

강한 열정과 체력을 허락해주세요.

제게 큰 믿음을 주시고 두려움이 없어지게 해주세요.

자신감을 주세요.

주님과 함께하는 참된 평안이 깨지지 않게 해주세요.

실패하더라도 다시 일어설 수 있는 힘과 용기를 주세요.

저를 다른 사람과 비교하기보다는

하나님께서 만들어주신 제 모습을 사랑할 수 있게 해주세요.

제 꿈만 이루는 것이 아니라

다른 사람의 꿈도 이루어질 수 있도록 돕는 인생이 되게 해주세요.

제가 늘 기뻐하고 웃게 해주세요. 늘 감사로 찬양하게 해주세요.

주님을 전적으로 신뢰합니다.

주님! 저와 함께 제 자아를 정복해주세요.

겸손하게 해주세요.

주님, 저는 아무것도 모릅니다. 저를 불쌍히 여겨주세요.

제가 이 시간 승리했음을 선포합니다.

예수님의 이름으로 기도드립니다! 아멘!

자녀의 꿈을 돕는 부모의 기도

초판 1쇄 발행	2022년 6월 28일
초판 11쇄 발행	2024년 9월 11일

지은이 차길영

펴낸이 여진구
책임편집 이영주
편집 박소영 최현수 안수경 김도연 김아진 정아혜
책임디자인 노지현 | 마영애 조은혜 이하은
홍보·외서 진효지
마케팅 김상순 강성민 **마케팅지원** 최영배 정나영
제작 조영석 허병용 **경영지원** 김혜경 김경희

303비전성경암송학교 유니게 과정
이슬비전도학교 / 303비전성경암송학교 / 303비전꿈나무장학회

펴낸곳 규장

주소 06770 서울시 서초구 매헌로 16길 20(양재2동) 규장선교센터
전화 02)578-0003 팩스 02)578-7332
이메일 kyujang0691@gmail.com 홈페이지 www.kyujang.com
페이스북 facebook.com/kyujangbook 인스타그램 instagram.com/kyujang_com
카카오스토리 story.kakao.com/kyujangbook
등록일 1978.8.14. 제1-22

책값 뒤표지에 있습니다.
ISBN 979-11-6504-344-5 03230

규 | 장 | 수 | 칙

1. 기도로 기획하고 기도로 제작한다.
2. 오직 그리스도의 성품을 사모하는 독자가 원하고 필요로 하는 책만을 출판한다.
3. 한 활자 한 문장에 온 정성을 쏟는다.
4. 성실과 정화를 생명으로 삼고 일한다.
5. 긍정적이며 적극적인 신앙과 신행일치에의 안내자의 사명을 다한다.
6. 충고와 조언을 항상 감사로 경청한다.
7. 지상목표는 문서선교에 있다.

하나님을 사랑하는 자 곧 그의 뜻대로 부르심을 입은 자들에게는 모든 것이 合力하여 善을 이루느니라(롬 8:28)

규장은 문서를 통해 복음전파와 신앙교육에 주력하는 국제적 출판사들의
협의체인 복음주의출판협회(E.C.P.A:Evangelical Christian Publishers
Association)의 출판정신에 동참하는 회원(Associate Member)입니다.